主体的学び

特集 **高大接続改革**

2017：主体的学び研究所

巻頭言

　本号は、現在わが国で議論され、実行に向けて準備が進められている「高大接続改革」の特集号である。

　本誌はアクティブラーニングや学習ポートフォリオなど、近年ますます注目されている能動的・主体的な学びの活動を扱う学術誌として創刊され、創刊号から4号までは、これらの領域で活躍されている研究者からの投稿を中心に誌面を構成してきた。しかし今回は、現在も文部科学省を中心に進められている高大接続改革の特集号ということで、様々な実践に取り組んでいる教育者、特に高校教員の寄稿を中心に企画した。

　現在メディアなどで言及される「高大接続改革」は一般に、平成26年12月の中央教育審議会答申「新しい時代にふさわしい高大接続の実現に向けた高等学校教育、大学教育、大学入学者選抜の一体的改革について」以降、平成27年1月の「高大接続改革実行プラン」、および平成28年3月の高大接続システム改革会議「最終報告」と議論されてきた一連の改革を主に指していることが多い。しかし本号では、この文部科学省発のプランや政策を解説するだけでなく、各執筆者が日常的に感じている課題意識や、各現場で取り組んできた実践などを、高大接続というテーマの下に論じていただいた。

　その結果、大学と連携した先進的な教育活動や、「地域」を切り口にして社会問題の解決を学ぶ取組み、キャリアや進路指導の観点からの実践など、実に多様な視点からの報告を集めることができた。

　本誌で紹介されている実践事例の多くは、前述の「最終報告」に先んじて各現場の関係者が各地で着実に成果を積み上げてきた取組みである。その点でも今後の高大接続改革の要諦を考える上で、私達に様々な示唆を与えてくれるはずだ。

　本号が、全国の現場で改革に向けて奮闘する高校、大学関係者の励みになることを願う。

『主体的学び』 高大接続改革（別冊） 2017年 3月

巻頭言……………………………………………………………倉部史記　i

高大接続改革の政策動向

高大接続改革について……………………………………………新田正樹　2
　―高大接続改革の趣旨と高大接続システム改革会議最終報告の概要―
高大接続改革の今後と課題………………………………………倉部史記　22
広島県における「学びの変革」に向けたチャレンジについて…寺田拓真　36

高校事例編

生徒たちが日本の教育を超えていく……………………………金子　暁　50
大学と連携したグローバル教育の取り組み
　………………………熊本県立済々黌高等学校　グローバルキャリア課　70
高大接続からみた、キャリア教育、進路指導の問題点…………飯塚秀彦　92
高大接続を視野に入れたキャリア教育の実践……………………柞磨昭孝　109
　―大学との教育連携を通して―
京都市立西京高等学校のキャリア教育……………………………岩佐峰之　123
　―エンタープライジングな人材育成をめざして―
離島・中山間地域で進む教育改革…………………………………藤岡慎二　140
　―「高校魅力化プロジェクト」から考える高大接続と進路指導―

大学・社会とつなげる視点から

「主体的・対話的で深い学び」をどう実現するか…………………小林昭文　163
　―「対話的な学び」の促進が「主体的な学び」を実現する―
「高大連携」から「高大接続改革」へ………………………………児美川孝一郎　178
　―本当の課題は、どこにあるか？―
高大接続改革　何が課題か…………………………………………矢吹正徳　189

執筆者紹介…………………………………………………… 200
編集後記……………………………………………………… 203

表紙写真　帝京大学八王子キャンパス　アカデミックラウンジ
入学前教育反転授業「帝京学」　反転授業の風景（大壁面ホワイトボードを活用して、グループ発表の準備をする高校生）

高大接続改革の政策動向

高大接続システム改革会議、最終報告を受けて

　日本中の教育関係者が注目する高大接続改革とは、何なのか。その背景や意図・目的、「改革」という言葉が具体的に指す取り組みの範囲、今後予想される課題などを、この第一部では俯瞰していく。

　一般的に高大接続改革と言えば、現在では文部科学省が主導し進めている一連の制度改革を指すことが多い。新田氏からは、これまで国が進めてきた文教政策の流れを踏まえ、2016年3月時点での、改革案の骨子や意図などを解説いただいている。

　倉部氏は、高校の進路学習、および大学の学生募集をそれぞれ支援している立場から、高大接続改革の意義や、現場が抱える課題などを論じている。高校生・大学生のために必要な改革とは何なのか、今後の高校・大学に期待されていることなどにも触れられている。

　そして広島県教育委員会の寺田氏からは、個々の教員や学校による現場の改革を支援する地方行政の立場から、現在の教育の変化について執筆いただいた。

新田正樹（前　文部科学省高等教育局主任大学改革官）
■高大接続改革について……………………………………………………………　2
　―高大接続改革の趣旨と高大接続システム改革会議最終報告の概要―

倉部史記（主体的学び研究所フェロー）
■高大接続改革の今後と課題………………………………………………………　22

寺田拓真（広島県教育委員会）
■広島県における「学びの変革」に向けたチャレンジについて……………　36

高大接続改革について

―高大接続改革の趣旨と高大接続システム改革会議最終報告の概要―

新田　正樹

(前　文部科学省高等教育局主任大学改革官)

はじめに

　「高大接続改革」については、平成26年12月の中央教育審議会答申「新しい時代にふさわしい高大接続の実現に向けた高等学校教育、大学教育、大学入学者選抜の一体的改革について」[1](以下「高大接続改革答申」という。)を受け、平成27年1月の「高大接続改革実行プラン」[2]に基づき、その具体的方策について検討してきた「高大接続システム改革会議」が28年3月にその最終報告[3]を取りまとめた。本稿においては、高大接続改革の趣旨・ねらいと最終報告の概要を概説する。(なお、最終報告の内容については、その後文部科学省に検討・準備チームが置かれ、後述の「高等学校基礎学力テスト」「大学入学希望者学力評価テスト」の具体的制度設計を中心に、さらに具体の検討が進められており[4]、そちらもご覧いただきたい。)

1　高大接続改革を巡る検討の経緯

　平成25年10月に教育再生実行会議が第四次提言として「高等学校教育と大学教育の接続・大学入学者選抜の在り方について」を取りまとめた[5]。そこでは、高等学校教育の質の確保・向上、大学の人材育成機能の抜本的強化、能力・意欲・適性を多面的・総合的に評価しうる大学入学者選抜制度への転換について提言されている。

　平成26年には中央教育審議会が「高大接続改革答申」を答申した。この答申では、「高等学校教育」「大学教育」及び両者を接続する「大学入学者選抜」の一体的・抜本的な改革を提言している。この高大接続改革答申を踏まえ、

この方向性のもと高大接続改革を着実に実行する観点から、文部科学省として今後取り組むべき重点施策とスケジュールを示す「高大接続改革実行プラン」が文部科学大臣決定として策定・公表された。
　同プランに基づき、高大接続改革の実現に向けた、具体的な方策について検討を行うため、平成27年3月から「高大接続システム改革会議」が開催され、1年間の検討ののち、28年3月に最終報告が取りまとめられた。同会議においては、①高等学校教育改革・大学教育改革、②2つの新テスト（「高等学校基礎学力テスト」「大学入学希望者学力評価テスト」）の具体的在り方、③個別選抜（各大学が行う入学者選抜）の改革の推進方策、④多様な学習活動・学修成果の評価の在り方、等を主な検討事項とし、検討が行われた。

2　「高大接続改革」とは

(1)　高大接続改革の骨子

　高大接続改革に係る取組は、高等学校教育の改革、大学教育の改革、入試選抜改革の3つのフィールドにわたっている。（高大接続改革の全体像について、図1参照。）
　高等学校教育の改革については、①学習指導要領の見直し、アクティブ・ラーニングの視点からの学習・指導方法の改善と、②生徒の学習意欲の喚起・学習改善を図るとともに、指導改善等に生かすことにより、高校教育の質の維持・向上を図るため、「高等学校基礎学力テスト（仮称）」を創設すること、が改革の骨子となっている。
　また、大学入学者選抜の改革については、①各大学の個別選抜は、アドミッション・ポリシー（入学者受入方針）の明確化と、その内容の入学者選抜への具現化を通じて、多面的な選抜方法をとるものに改善することとともに、②共通テストとして、知識・技能を基盤として、思考力・判断力・表現力を中心に評価する「大学入学希望者学力評価テスト（仮称）」を導入すること、としている。
　更に、大学教育改革については、①アドミッション・ポリシーのほか、カリキュラム・ポリシー（教育課程編成・実施方針）、ディプロマ・ポリシー（卒業任

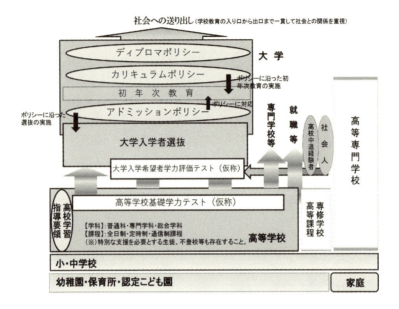

図1 初等中等教育から大学教育までの一貫した接続イメージ（高大接続改革の全体像）

定・学位授与方針）の一体的策定・公表と、これによる各大学のカリキュラム・マネジメントの確立、アクティブ・ラーニングへと質的に転換を図るとともに、②これらについて認証評価制度の改善による実質化、を改革の骨子としている。

（2） 高大接続改革の趣旨・必要性
① 高校教育・大学教育・入学者選抜の在り方

　高等学校教育、大学教育、入学者選抜は、日本においては長らく、①知識伝達型の高校教育、②入学時の選抜機能に依拠し付加価値に乏しい大学教育、③その間にあって、知識量の多寡でふるい落とすことを目的にした大学入試、という構造の中にあった。これらはいわゆる「右肩上がりの時代」には社会構造の中で一定の機能を果たしてきたこともあり、容易に変わらない構造であったともいえる。しかし、人口減少社会、成熟化社会を迎え、厳しい時代

を乗り越え新たな価値を創造し、また社会で自立的に活動していくことのできる若者を育む学校教育体系に改める必要がある。すなわち、①学力の3要素[6]をしっかりと育成する高等学校教育、②高校までに培った力を更に向上・発展させ、社会に送り出していく大学教育、③知識量だけでなく学力の3要素を多面的に評価する大学入学者選抜、へと改める必要がある。

　このように、高大接続改革は、高等学校教育、大学教育、両者を接続する入学者選抜を、連続した1つの軸として、学力の3要素を幅広く育成し評価する学校教育・学校教育システムへと一体的に改革するものである。

② 　学力観の変遷にかかわる文脈

　学校教育において育成し評価する「学力」の見方について、従来から「ゆとり」か「つめこみ」かの2項対立の中での議論が繰り返されてきた。しかしこれらも多分に「知識の量・多寡」という観点から議論されてきたきらいがある。

　高大接続改革においては、社会で自立的に活動していくために必要な「真の学ぶ力」として、①知識・技能の着実な習得（従来の「狭義の学力」）、②（①を基に）思考力、判断力、表現力、③主体性を持ち多様な人々と協働して学修する態度（主体性、多様性、協働性）を「学力の3要素」とし、これらを幅広く育成し評価する学校教育とすることを求めている。

③ 　時代の転換（における学校教育の在り方）にかかわる文脈

　更に、高大接続改革の背景として、①工業社会から情報化社会への変化、②経済・社会も人口も右肩上がりの時代から成熟化社会・少子化社会へといった、時代の転換における学校教育の在り方に関わる文脈がある。

　学制が始まって以来、学校教育は近代工業化社会を支える制度として大きな機能を果たしてきた。知識量を増やすことに主眼を置いた教育を通じて、決まった時間内に効率よくきちっと仕事ができる人材を育成し、社会に送り出す機能を果たしてきた。この機能が、高度成長期以降までの日本を作り支えてきたことを考えれば、これまで果たしてきた機能・役割を否定するものではない。

　しかしながら、1990年代以降情報化社会へと変化し、この情報化社会で求

められているのは、単に知識量のみを尺度とした力ではなく、枠組みが形式化できない問題解決や、意味を考えなければならない問題解決など、自ら課題を見つけ、自ら学び、考え、主体的に判断し、より良く問題を解決する資質や能力を育んでいく教育である。

　また、1990年代まで高度成長期以来安定的に拡大してきた経済社会とともに、同じく継続的に増加してきた18歳人口を含めた人口の中で、一定の基準による選抜により社会のいずれかの組織に帰属し、その中で役割を果たしあうことで、社会全体が安定的に発展し得、また個々人も安定的な生活が営めてきた時代が、経済・社会の成熟期を迎え、また人口が減少する時代の中で、変化してきている。

　18歳人口でみた場合、現在、平成21年から32年（2020年）頃までは現在の約120万人前後（平成26年度118万人）でほぼ横ばいであるが、平成33年以降再び減少をはじめ、その後10年間で約18万人減少する（32年117万人→43年99万人）（図2参照）。これにより平成43年には現在の約8割程度となる。日本の大学入学者選抜のビジネスモデルは、長らく、多くの志願者を集め、それを一定の基準により「選抜」し、その志願倍率・選抜倍率が高いほど、質の高い学生が

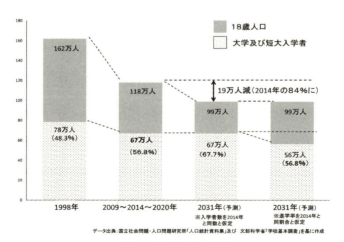

図2　18歳人口の推移

確保できる(残る)というものであった。しかしながら、今後は、志願倍率の高さに依存し、数に依存した選抜によってのみ学生の「質」を維持・確保することは、ますます難しくなると考えられ、既に多くの大学はこの「選抜倍率に依存する入学者選抜」が機能しなくなってきている。このように、大学入学者選抜に焦点を当てた場合、選抜する入試(削る入試)から、大学入学後の学修可能性を評価する入学者選抜へと改めていくことが必要になっている。

3　高等学校教育の改革

高等学校教育の改革においては、①教育課程の見直し、②学習・指導方法の改善と教員の指導力の向上、③多面的な評価の推進、の3つから進められている。以下最終報告の概要を概説する。(図3参照)

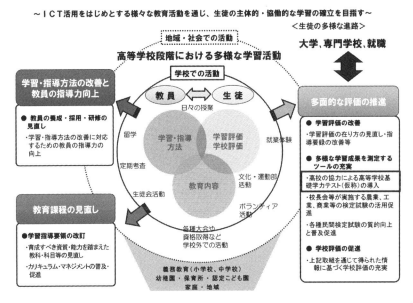

図3　高等学校教育の質の確保・向上に向けた全体的な取り組みについて（最終報告別添より）

(1) 教育課程の見直し

　教育課程の見直しにおいては、全ての生徒が共通に身に付けるべき資質・能力を明確化し、必履修教科・科目等の改善を図るとともに、教科・科目間の関係性を可視化することとしている。特に、国語科、地理歴史科、公民科、外国語科、情報科における必履修科目の在り方については、内容のみならず、共通必履修科目の設置や科目構成の見直しなど、抜本的な検討を行うこととしている。(例:地理歴史科における「歴史総合(仮称)」や「地理総合(仮称)」、公民科における「公共(仮称)」の設置など。)

　また、各高等学校が、それぞれの学校や学科の特色に応じた魅力ある教育課程を編成・実施できるよう、選択科目や専門教科・科目についても改善する。(例:数学と理科の知識や技能を総合的に活用して主体的な探究活動を行う「数理探究(仮称)」の新設など。)

　加えて、各高等学校が生徒の実態等を考慮して、学校設定教科・科目を設けることや、学習指導要領上の教科・科目等について標準単位数を増加して対応することなどについても、「カリキュラム・マネジメント」の中で検討している。

　これらについて更に検討が進められ、28年12月に中央教育審議会答申が出された[7]。

(2) 学習・指導方法の改善、教員の指導力の向上

　必要な資質・能力を総合的に育むためには、学びの質や深まりが重要であり、課題の発見・解決に向けて生徒が主体的・協働的に学ぶ、いわゆるアクティブ・ラーニングの視点からの授業改善を行うことが必要となっている。このため、高等学校教員が、課題の発見と解決に向けた主体的・協働的な学びを重視した教育を展開できるよう、教員の養成・採用・研修の各段階を通じた抜本的な改革を行うこととしている。

　この中で、特に「アクティブ・ラーニング」については、
・次期学習指導要領改訂が目指す育成すべき資質・能力を育むためには、学びの量とともに質や深まりが重要であり、子供たちが「どのように学ぶか」についても光を当てる必要があるとの認識のもと、「課題の発見・

解決に向けた主体的・協働的な学び(いわゆる「アクティブ・ラーニング」)」について検討されていること、
・思考力・判断力・表現力等は、学習の中で、思考・判断・表現が発揮される主体的・協働的な問題発見・解決の場面を経験することによって磨かれること、この文脈に、アクティブ・ラーニングの視点からの学習・指導方法の改善(学習過程の質的改善)の課題があること、
・今後は特に高等学校において、義務教育までの成果を確実につなぎ、一人一人に育まれた力を更に発展・向上させることが求められること、
に留意する必要がある。

(3) 多面的な評価の充実

「学力の3要素」をバランスよく育成するため、指導の在り方と一体となって、評価の在り方を見直すことが必要となっている。このため、目標に準拠した観点別の学習評価、教科等にとどまらない学校内外での学習活動を全般を通して、生徒の資質・能力の多面的な評価を推進し、指導の改善を図ることとしている。

このため、具体的には以下のような取組みが必要になっている。
・目標に準拠した観点別学習評価の推進
・学習成果を多面的に評価するツールとしての各種検定試験等の活用
・多面的な評価の充実に資する指導要録の改善
・高等学校における評価の妥当性や信頼性を向上させる取組みの推進
・生徒自身の自発的なキャリア形成に向けた検討を促す方策の検討
・評価充実のための基盤整備(指導要録や調査書の電子化など)

こうして育まれた生徒一人一人の資質・能力が、大学入学者選抜や採用試験等を通じて多面的に評価されることが必要とされている。

(4)「高等学校基礎学力テスト(仮称)」の導入

多様化した高等学校の実態を踏まえつつ、義務教育段階の学習内容も含めた高校生に求められる基礎学力の確実な習得と、それによる高校生の学習意欲の喚起のための施策を進めることが重要であり、社会で自立するため必要

な基礎学力について、各学校がそれぞれの実情を踏まえて目標を設定し、取組みが進められるよう、基礎学力の定着度合いを把握する仕組みとして、「高等学校基礎学力テスト(仮称)」を導入することとしている。

◇「高等学校基礎学力テスト(仮称)」(以下「基礎学力テスト」)の制度設計のポイント(最終報告概要より)

【目的】

○「義務教育段階の学習内容を含めた高校生に求められる基礎学力の確実な習得」と「それによる高校生の学習意欲の喚起」に向けて、高等学校段階における生徒の基礎学力の定着度合いを把握・提示できる仕組みを設ける。

これにより、

・生徒の基礎学力の習得と学習意欲の向上を図るとともに、
・学校が、客観的でより広い視点から自校の生徒の基礎学力の定着度合いを把握し、指導を工夫・充実する
・設置者等が基礎学力定着に向けた施策の企画・立案や教員配置、予算等を通じた学校支援の実施に取り組むことを通じ、高等学校教育の質の確保・向上のためのPDCAサイクルを構築。

【対象者】

○学校又は設置者の判断により、学校単位で受検することを基本とする。
(希望する個人、過年度卒業生等の受検も可能とする。)

【問題の提供等の仕組み】

○高校等において使用されている問題の収集、高校教員等の参画を得た新規問題の作成等を通じて、アイテムバンクに大量の問題を蓄積。その大量の問題群から複数レベルの問題のセットを構築し、学校が適切な問題のセットを選んで受検できる仕組みとする。

【定着度合いを把握し結果提供するための方法】

○集団における相対的な位置ではなく、生徒の基礎学力の定着度合いを把握し、段階表示で結果を提供する方法を、今後検討・精査。

【対象教科・科目】

○円滑に導入する観点から、平成31年度の試行実施期からは、国語、数学、英語で実施。(一部の教科・科目のみを選択した受検を可能とする。)

※原則として、必履修科目である「国語総合」、「数学Ⅰ」、「コミュニケーション英語Ⅰ」を上限とし、出題範囲の中に義務教育段階の内容も一部含める。
　※英語については、「聞く」、「話す」、「読む」、「書く」の四技能を測ることができる問題構成とすることを前提に、「書く」、「読む」の具体的な実施方法等については、更に検討。
○平成35年度以降は、新学習指導要領における必履修科目を踏まえた教科・科目の構成とする。
【問題の内容】
○結果から基礎学力面の課題をきめ細かく把握することができるように、高校生全体のうち、そのボリュームゾーンとなる平均的な学力層や学力面で課題のある層を主な対象として出題。
　※受検については、基礎学力テストの目的や出題内容等を踏まえたうえで、学校又は設置者が適切に判断。
　※受検することが基礎学力の定着を目指す積極的な取組として社会的に評価されるよう普及啓発等を行う。
○「学力の3要素」のうち、基礎的な「知識・技能」を問う問題を中心としつつ、「思考力・判断力・表現力」を問う問題をバランスよく出題。
【出題・解答・成績提供方式】
○ 難易度の設定に留意しつつ、「選択式」や「記述式」など多様な解答方式を導入する。
○CBTの導入については、学校内に配備されているコンピュータを活用する方式（インハウス方式）をベースに検討。紙によるテスト実施も念頭に置きつつ検討。
○IRTの導入については、指導の工夫・充実のために問題等の公表が期待されることも踏まえつつ、更に詳細に検討。
○本人の基礎学力の定着度合いを段階表示で提供（学校単位で受検する場合は、当該学校に対して各生徒の結果を提供するとともに、都道府県に対して管内の各学校の結果を提供）
　※分野別の結果など、指導の工夫・充実に資する情報も提供。各学校や生

徒等の順位は示さない。

【実施回数・時期・場所】
○各学校の科目履修の進捗状況を踏まえながら、教育課程編成や学校行事等を勘案しつつ、実施する学年や時期、教科・科目等に関し、学校・設置者において適切に判断できる仕組みとする。
○学校単位での受検の場合、原則当該学校で実施。個人で受検する場合等については、公の施設等を含めて検討。

【受検料】
○1回あたり数千円程度の低廉な価格設定となるよう、費用負担の在り方について検討。低所得者世帯への支援策の在り方についても併せて検討。

【結果活用の在り方】
○生徒自身による学びの質の向上や、各学校における指導の工夫・充実に生かすとともに、国や都道府県等における教育施策の改善等に生かす。
○平成31年度から平成34年度の「試行実施期」においては、大学入学者選抜や就職等には用いず、本来の目的である学習改善等に用いながら、その定着を図ることとし、そこで得られた実証的データや関係者の意見を踏まえながら検証を行い、必要な措置を講じる。平成35年度以降の大学入学者選抜や就職等への活用方策については、仕組みの定着状況やメリット・デメリットを十分に吟味しながら、関係者の意見を踏まえ、更に検討。

【民間の知見の活用】
○基礎学力テストの趣旨・目的を達成していくための民間団体との効果的な連携の在り方について、安定性・継続性等の確保を図りながら具体化する。

【名称】
○高等学校段階で共通して習得することが期待される学力の定着度の診断、検査、検定等をベースに、その目的・性質に応じた適切な名称となるよう、新テストの実施方針(平成29年度初頭)までに確定。

　なお、最終報告後、具体的制度設計について文部科学省において更に具体的検討が進められている。(注4参照。)

4　大学教育の改革

　大学教育改革について、大学の取組を促す制度的な仕組みとして、3つの方針(ディプロマ・ポリシー(卒業認定・学位授与方針)、カリキュラム・ポリシー(教育課程編成・実施方針)、アドミッション・ポリシー(入学者受入方針))を一体的に策定・公表するものとする旨を学校教育法施行規則に規定した(平成29年4月より施行)。また、これら3つのポリシーの策定と運用に関する参考指針(ガイドライン)を策定した[8]。

　各大学は、出口基準としてのディプロマ・ポリシー、そこに至る教育の体系としてのカリキュラム・ポリシー、そうした教育課程を受けるに必要な資質能力を示すアドミッション・ポリシーを定め、その策定過程における自大学の現状のレビュー等を通じて、体系的なカリキュラム構成の構築・見直し、学生の能動的な学修を重視した指導方法の導入、学生の学修時間増加に向けた指導、学修成果に係る評価の充実などの取組を実効性を持って進めることが求められることとなる。(図4・5参照)

　さらに、これら3つの方針が各大学において実効性を持って策定・運営されていることについて、認証評価制度による大学の評価の対象とすることにより、大学の取組を実効ならしめることとしている。(平成30年度から始まる第3サイクル評価に反映されることとなる。)

5　入学者選抜の改革

　大学入学者選抜が、「学力の3要素」の育成に向け高等学校における指導の在り方の本質的な改善を促し、また、大学教育の質的転換を大きく加速し、改革の好循環をもたらすものとなるよう、各大学の入学者選抜と共通テストの双方について改革を進める必要がある。

(1)　各大学の個別入学者選抜の改革
① アドミッション・ポリシーの策定・公表を通じた個別選抜の改善

　各大学において、ディプロマ・ポリシー、カリキュラム・ポリシーを踏ま

14　高大接続改革の政策動向

高等学校教育・大学教育を通じた一貫した教育理念・内容・方法の確立のイメージ

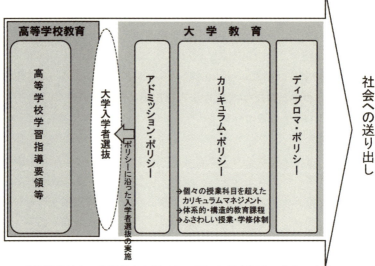

図4　高等学校教育・大学教育を通じた一貫した教育概念・内容・方法イメージ

◆三つのポリシーの一体的な策定を法令上位置付け（平成27年度）
◆三つのポリシーに関するガイドラインを策定（平成27年度）
◆三つのポリシーに基づき各大学において教学マネジメントを確立

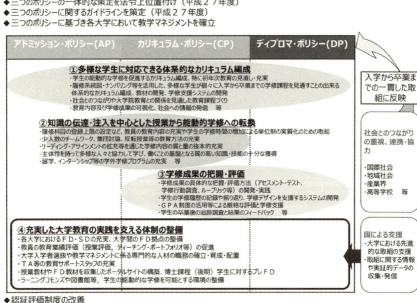

◆認証評価制度の改善

図5　三つのポリシーに基づく大学教育の実現イメージ（イメージ）

えて策定されるアドミッション・ポリシーにおいて、入学希望者に求める能力と評価方法の関係を明確化し、それに基づく入学者選抜を実施することが必要である。

具体的には、アドミッション・ポリシーにおいては、①大学として、具体的にどのような力を持つ学生を受け入れたいのか、②学力の3要素について、具体的にどのような能力をどの水準で求めるのか、③②を適切に評価する観点から、様々な評価方法から何を選択し、どのバランス（比重）で評価するのか、を明らかにすることとし、これに基づき入学者選抜が実施されるものとする（図6参照）。すなわち、従来①のみを記載していたアドミッション・ポリシーについて、②及び③を加え、またつなげることにより、アドミッション・ポリシーと実際の入学者選抜をつなぐこと、アドミッション・ポリシーに基づく個別入学者選抜とすることにより、各大学の入学者選抜を多面的・総合的な評価によるものとするよう促し、高等学校時代までに培った多様な力を、入学後の学修可能性の観点から評価する入学者選抜に改めていくことにその狙いがある。

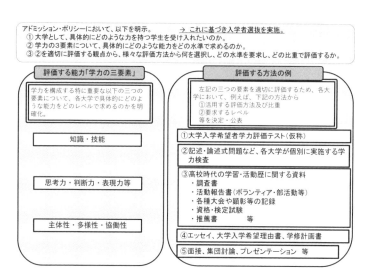

図6　「学力の三要素」と入学者選抜における「評価方法」との関係のイメージ

② 「大学入学者選抜実施要項」における「AO入試」「推薦入試」「一般入試」の見直しなどを通じた新たなルールづくり

　従来、特にAO入試や推薦入試については、大学入学者選抜実施要項において、「知識・技能の修得状況に過度に重点を置いた選抜基準とせず」（AO入試）、「原則として学力検査を免除し」（推薦入試）といった記述により、特に知識・技能の習得についてはあまり評価の主眼としないようにとの仕組みとなっていた。これは、これら試験区分については平成以降、入学者・入学者選抜の多様化等の観点から導入・活用が推進されてきたが、このことからこれらの入学者選抜においては専ら多様な能力の評価を中心とするものとし、基礎学力等については入学者選抜の段階ではあまり問わないものとしてきたことによる。しかしこれはAO入試等の導入当初の増大する18歳人口・大学入学志願者を前提とし、基礎学力の確保・確認は高等学校の推薦又は選抜性（競争倍率）の高さにより担保されているとの前提があった。

　しかしながら、その後18歳人口の減少局面にある現在の状況とともに、今後は知識・技能を含めた「学力の3要素」を評価することにより入学後の学習可能性をしっかりと評価する入学者選抜とする観点から、今後このような入試区分においても基礎学力を含めた学力を評価・確認することが必要であり、こうしたルールについて、本来の趣旨とたがわないように配慮しつつ見直す必要がある。

　また、現在、AO入試、推薦入試、一般入試について、大学入学者選抜実施要項でそれぞれの入試区分を定義づけた上でそれぞれの実施時期・ルールを定めているが、他方各大学の入学者選抜については様々な評価方法が工夫・実施され、各試験区分の定義上の境目が不明確になっているとの指摘もある。今後、上記①のアドミッション・ポリシーの明確化とその具現化を通じた多面的な評価方法による多面的・総合的評価による選抜へと取組が進むことにより、それぞれの区分の差異が更に相対化してくることとなる。このため、例えば、採用する具体的な評価方法ごとに入試の実施の基準日を設定することとする[9]など、新たなルールを構築する必要がある。

　これらについては、最終報告後、大学・高校関係者による協議の場で具体的な在り方を明確化すべく、検討が行われている。（平成29年度初頭を目途に予

告通知の発出、平成32年度に実施される入学者選抜から適用される予定。)

③ 大学入学前の多様な学習や活動に係る評価方法の改善

このように、多面的な評価を推進する観点から、高等学校までに培った様々な力の評価・提示できる仕組みの構築・推進が必要になる。このため、以下のような見直し・検討・推進等が必要である。
- 「調査書」の見直しや「推薦書」の見直し
- 入学希望者本人が主体的に記載する、高等学校時代の学習歴・活動歴に関する書類(「活動報告書」「学修計画書」等)の積極的な活用
- 個別選抜改革を推進するための支援
- 各大学において、アドミッション・オフィスの整備・強化やアドミッション・オフィサーなど専門人材の育成・配置等に取り組むこと
- 効果的な財政支援等の実施

(2) 「大学入学希望者学力評価テスト(仮称)」の導入

大学入学者選抜の改革を進めるに当たっては、各大学における個別選抜の改革と並び、多数の大学入学希望者が受検し、高等学校教育に大きな影響を与える共通テストの改革が鍵となっている。このため、新たな共通テストして「大学入学希望者学力評価テスト(仮称)」を導入することとしている。
◇「大学入学希望者学力評価テスト(仮称)」の検討の方向性のポイント(最終報告概要より)
【目的・対象者】
○大学入学希望者を対象に、これからの大学教育を受けるために必要な能力について把握することを主たる目的とし、知識・技能を十分有しているかの評価も行うことに加え、「思考力・判断力・表現力」を中心に評価。
【対象教科・科目】
○次期学習指導要領下における基本的枠組み(平成36年度~)
- 次期学習指導要領の趣旨を十分に踏まえ、大学入学者選抜における共通テストとして、特に思考力・判断力・表現力を構成する諸能力をより適切に評価。

・次期学習指導要領での導入が検討されている「数理探究(仮称)」や、教科「情報」についても出題。
○ 現行学習指導要領下における基本的枠組み(平成32~35年度)
・次期学習指導要領改訂の議論の方向性を勘案するとともに、大学教育を受けるために必要な諸能力をより適切に評価。
・試験の科目数については、できるだけ簡素化。

【マークシート式問題】
○より思考力・判断力・表現力を重視した作問へ改善[10]。(図7参照)
(例)多数の正解があり得る問題、正解を選択させるのではなく、数値等を直接マークさせる問題など
○評価結果については、現在よりも多くの情報(例えば、各科目の領域ごと、問ごとの解答状況も合わせて提供するなど)を各大学に提供。

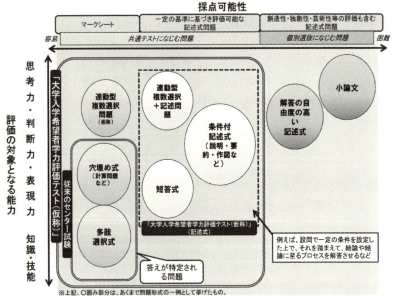

図7 「知能・技能」「思考力・判断力・表現力」とそれらを評価する方法のイメージ(最終報告別添より)

【記述式問題】
○今後どのような分野においても主体性を持って活動するために重要となる、複数の情報を統合し構造化して新しい考えをまとめる思考・判断の能力や、その過程を表現する能力の評価のためには、記述式問題を導入することが有効。(図7・8参照)
○共通テストに記述式を導入することにより、高等学校教育を生徒の能動的な学習をより重視したものに改善。諸外国の大学入学資格試験でも記述式は多い。(例) 英国のGCE-Aレベル、独のアビトゥーア、仏のバカロレアなど
○国立大学の二次試験のような解答の自由度の高い記述式ではなく、設問で一定の条件を設定し、それを踏まえて結論や結論に至るプロセス等を解答させる「条件付記述式」を中心に作問[11]。対象は、当面、国語、数学。
　※平成32~35年度：短文記述式、平成36年度~：より文字数の多い問題を導入
○記述式問題部分の評価結果は、段階別表示とする。

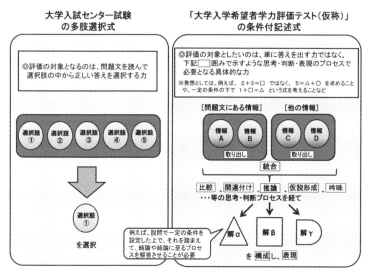

図8　多岐選択肢と条件付記述式相違のイメージ例（たたき台）（最終報告参照資料より）

〇答案のクラスタリング（分類・並び替え）などの採点支援業務に人工知能（AI）を活用することも含め、新たな技術の開発と活用を積極的に進める。

〇実施時期については、高等学校教育への影響や大学入学者選抜の合否判定のタイミング等に関する関係者の意見も聞きながら、マークシート式問題と同日に実施する案、マークシート式問題とは別に実施する案のそれぞれについて、十分に検討する。

【英語の多技能を評価する問題】

〇四技能の評価を重視。このうち「話すこと」については、特に環境整備や採点の観点から、平成32年度当初からの実施可能性について十分に検討する。

【複数回実施】

〇日程上の問題、CBTの導入や等化等による資格試験的な取扱いの可能性などを中心として、引き続き検討する。

　なお、最終報告後、具体的制度設計について文部科学省において更に具体的検討が進められている。（注4参照。）

注
1　中央教育審議会「新しい時代にふさわしい高大接続の実現に向けた高等学校教育、大学教育、大学入学者選抜の一体的改革について（答申）」（平成26年12月22日）
2　「高大接続改革実行プラン」（平成27年1月16日文部科学大臣決定）
3　高大接続システム改革会議「最終報告」（平成28年3月31日）
4　高大接続改革の進捗状況について（平成28年8月31日）
　　http://www.mext.go.jp/b_menu/houdou/28/08/1376777.htm
5　教育再生実行会議「高等学校と大学教育との接続・大学入学者選抜の在り方について（第四次提言）」（平成25年10月31日）
6　後述2(2)②参照。
7　「幼稚園、小学校、中学校、高等学校及び特別支援学校の学習指導要領等の改善及び必要な方策等について（答申）」（平成28年12月21日）
8　中央教育審議会大学分科会大学教育部会「卒業認定・学位授与の方針（ディプロマ・ポリシー）、教育課程編成・実施の方針（カリキュラム・ポリシー）、及び入学者受入の方針（アドミッション・ポリシー）の策定及び運営に関するガイドライン」（平成28年3

月31日）

9 例えば、「個別面接を含む選抜を行う場合の応募は8月以降とする」、「校長等の推薦書の提出を含む選抜を行う場合の応募は11月以降とする」、「各教科の知識・技能や思考力・判断力・表現力を評価するテストを実施する場合は2月以降とする」ことなどが最終報告では考えられている。

10 「大学入学希望者学力評価テスト（仮称）」で評価すべき能力とマークシート式の問題イメージ例【たたき台】について、文部科学省HP参照。

http://www.mext.go.jp/b_menu/shingi/chousa/shougai/033/shiryo/__icsFiles/afieldfile/2016/02/17/1367231_04_2.pdf

11 「大学入学希望者学力評価テスト（仮称）」で評価すべき能力と記述式問題イメージ例【たたき台】について、文部科学省HP参照。

http://www.mext.go.jp/b_menu/shingi/chousa/shougai/033/shiryo/__icsFiles/afieldfile/2015/12/22/1365554_06_1.pdf

高大接続改革の今後と課題

倉部　史記
（主体的学び研究所フェロー）

はじめに

　文部科学省が進める「高大接続改革」の背景や主旨については、前・文部科学省高等教育局主任大学改革官の新田正樹氏が本誌に寄稿されている内容に詳しいため、文教政策の観点での分析や整理についてはそちらに任せ、本稿では高校現場、大学現場からの論考を中心に述べたい。

　筆者は元・大学職員であり、現在も追手門学院大学アサーティブ研究センターの客員研究員や三重県立看護大学高大接続事業外部監査委員として、大学が行う高大接続事業に関わっている。所属するNPOでも高大接続事業部のディレクターとして、「WEEKDAY CAMPUS VISIT」などの取り組みを行っている。

　一方、大阪府や千葉県、埼玉県、茨城県、熊本県などの高等学校進路指導協議会より依頼を受け、進路指導を担当する高校教員に対して進路指導に関する研修や講演を行ってきた。多くの高校教員が大学選び、学部・学科選びの指導に困難を感じている現状を身近に感じている。彼らの意見を聞く中で、現在の大学・高校の関係性については見直すべき点が多い、と考えるようになった。

　そこで本稿では、今回の高大接続改革を「生徒を送り出す高校の現場」と、「学生を迎え入れる大学の現場」という両者の視点から論じ、筆者の見解を述べたい。

1　進路指導の現場から見た、高大接続改革の主旨

　高大「接続」とあるが、そもそも高校教育と大学教育とは、どのような関係にあるのだろうか。学校教育法には、各学校の目的が明確に規定されている。

表1　学校教育法

第二十九条	小学校は、心身の発達に応じて、義務教育として行われる普通教育のうち基礎的なものを施すことを目的とする。
第四十五条	中学校は、小学校における教育の基礎の上に、心身の発達に応じて、義務教育として行われる普通教育を施すことを目的とする。
第五十条	高等学校は、中学校における教育の基礎の上に、心身の発達及び進路に応じて、高度な普通教育及び専門教育を施すことを目的とする。
第八十三条	大学は、学術の中心として、広く知識を授けるとともに、深く専門の学芸を教授研究し、知的、道徳的及び応用的能力を展開させることを目的とする。
②	大学は、その目的を実現するための教育研究を行い、その成果を広く社会に提供することにより、社会の発展に寄与するものとする。

　小学校から高等学校までは、その児童・生徒の心身の発達に応じて段階的に基礎を積み上げ、それまでの学校の教育を前提にしたカリキュラムが構築されていることがわかる。しかし大学の規定には「高等学校における教育の基礎の上に」という記述はない。大学のカリキュラムは学習者の現状に合わせて組まれるのではなく、現在の社会課題の解決や、現在議論されている学術的な課題の解決のために必要な学問体系を4年間で身に付ける、という都合をもとに設計されているケースが少なくないのだ。

　もともと高校教育と大学教育は、(一部の大学付属高校等を除き)接続されるという前提にないのである。大学進学にあたってその空白を埋めるジャンプが必要になるのだが、それはこれまで大学入試の役割だと考えられていた(図1)。

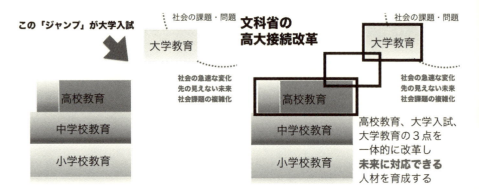

図1　小学校から大学までの関係性（左）
図2　高大接続改革の全体像（右）

　大学入試は原則として、高校までに習得すべき基礎学力の有無を測るものであるが、必ずしも大学入試で問うた教科・科目の知識すべてが、大学入学後の学びで必要になるとは限らない。それでも入試に向けて受験勉強に励む経験は、結果的に効率的な学習の仕方や学習習慣を身に付ける機会となり、大学での学習の準備として望ましく機能するものと、教育現場では広く考えられていたのである。

　しかし18歳人口の減少にともない大学進学率が5割を超え、大学はもはや「誰でも行ける」場所となった。入学希望者が入学定員に届かず、入試が選抜の機能を果たさなくなっている大学も少なくない。難関と言われる一部の大学を除けば、大学入試はかつてのようなジャンプの機能を担えなくなっている。その一端を示すデータとして、大学中退者は2007年度の63,421人から、2012年度に79,311人へ[1]と、5年間でおよそ2割程度増加している。この中には入学後、学力不足でカリキュラムについて行けず脱落してしまった学生も含まれている。

　社会の課題が複雑化する中で、学士号の専攻表記が700種類を超える[2]など、大学の学びも多様化した。入学後のカリキュラムが前提とする学力の種類や程度も、大学や学部・学科によって千差万別だ。一律に、基礎学力テストの点数だけで高大を繋ぐことは難しい。

不確実な未来に対応できる人材を育成するために大学教育、高校教育、そして間を繋ぐ大学入試の3点を同時並行で改革していくというのが、現在進む高大接続改革の概要である（図2）。これまでの高校教育と大学教育が接続されていなかったという点や、大学中退などの社会課題があることを、一連の改革の前提として認識しておくことは重要であろう。

2　学生を受け入れる大学の側に今後、求められる行動

　文部科学省の高大接続改革において、大学教育は、アクティブラーニングなど能動的な学修を含めて教育を質的に転換させるとともに、各大学が「卒業認定・学位授与の方針」（DP：ディプロマ・ポリシー）、「教育課程編成・実施の方針」（CP：カリキュラム・ポリシー）、「入学者受入れの方針」（AP：アドミッション・ポリシー）の一体的な策定を行い、三つの方針に基づいて多様な学生が新たな時代の大学教育を受けられるようにする……と求めている。

　同じ学問系統を学ぶのであっても、大学によって教育方法や教育成果が大きく異なるのだから、入学にあたって前提とする「学力」の種類や量にも違いが生まれて当然という発想がここに見られる。

　こう記述すると当たり前のようであるが、高校教育の実情は必ずしもこれを前提にしていない。受験主要科目と言われる英語、数学、国語、理科、社会の基礎学力を「とりあえず」高め、大学入試センター試験に代表されるような全国一律の学力テストで高い点数を取れるよう備えておけば、その点数の高い者から、入学難易度の高い人気大学へ進学できるという考え方が一般的だ。学力を測るモノサシは一種類という発想である。

　高大接続改革で謳われているAPおよび入学者選抜の発想と、高校側が前提にしている学力観のギャップを明らかにするために、以下のような例を挙げる。

　図3は理工系大学を受験する高校生2名の例である。A君の方がセンター試験の点数は高いが、彼は勉強しかしておらず、しかも第一志望校は他大学である。一方B君は、センター試験の点数はA君にやや劣るものの、サイエンスに関する取り組みを精力的に行い、生徒会でも活動するなど、評価でき

る点が多い。しかも第一志望としての受験である。

　あなたが理工系大学のアドミッション責任者だったとして、このうち1名しか合格させられないとしたら、どちらを選ぶだろうか。現在の入試制度を前提にするのなら「一般入試などの筆記試験ではA君が合格し、推薦・AO入試ではB君が合格する可能性が高い」が答えだろう。しかし基礎学力とそれ以外の人物評価、すべてを総合的に判断するとなると、合否判定はそう簡単にはいかず、悩むはずだ。

　図4はどうであろうか。今度は、A君はセンター試験の点数だけでなく、サイエンスに関する努力もしている。一方B君は、サイエンス以外の活動に熱心であった。

　さらに**図5**ではセンター試験の素点表記が消え、段階的な学力評価のみとなった。文部科学省の高大接続改革では、AO入試、推薦入試での志願者を対象にした「高等学校基礎学力テスト（仮称）」や、センター試験に代わる「大学入学希望者学力評価テスト（仮称）」の新設が予定されているが、これらのテストでは大学や受験者への成績提供において、素点ではない段階的な表示を採り入れることが検討されている。この図5のイメージに近いであろう。

　この図5は2つのことを示唆している。第一に、今後はおそらく同じ理工系大学でも、A君タイプを高く評価する大学と、B君タイプを高く評価する大学に分かれてくるのであろう。たとえば昨今では、国境を越えて専門性を発揮できる「グローバルエンジニア」の育成を掲げる大学が増えているが、そのような大学は、国際志向の有無を重視し、入試時にB君タイプを求めるかも知れない。しかしなかには、「国際性については入学後に鍛えるので、高校の時点では科学への関心を重視したい」として、A君タイプを求める大学もあろう。まさに育てる学生像の違い（DP）と、入学後のカリキュラムの違い（CP）が、入学者選抜の違い（AP）に表れてくるというわけだ。

　第二に、生徒を指導する高校の側からすると「目の前にいるこの生徒を評価してくるのは、どの大学なのか」という悩みが発生するはずである。現在、各大学が入試要項などに記載しているアドミッション・ポリシーは、多くの場合総花的な文章で大学の想いを表現するにとどまっている。高校側はこれをAO入試の志望理由書の参考にしている程度で、一般入試まで含む

受験生をどう評価する？

A君	B君
センター試験の点数 620点	センター試験の点数 600点
・部活経験ゼロ ・1年次から塾へ	・生徒会役員を経験 ・理科部の部長
「英語が苦手」という 理由で理系へ	サイエンスキャンパス 参加経験アリ
第一志望は他大学	第一志望は貴学

図3　受験生の評価例（1）

受験生をどう評価する？

A君	B君
センター試験の点数 620点	センター試験の点数 600点
理科部に所属	英語部の部長
サイエンスキャンパス 参加経験アリ	福祉ボランティアの 参加経験アリ
第一志望は他大学	第一志望は貴学

図4　受験生の評価例（2）

受験生をどう評価する？

A君	B君
新テストの点数 C+	新テストの点数 C+
理科部に所属	英語部の部長
サイエンスキャンパス 参加経験アリ	福祉ボランティアの 参加経験アリ
第一志望は他大学	第一志望は貴学

図5　受験生の評価例（3）

		26年度	27年度	28年度
各大学の個別選抜改革	法令改正	中教審における審議	三つのポリシーを義務付ける ※アドミッション・ポリシー、ディプロマ・ポリシー、カリキュラム・ポリシー 認証評価の評価項目に入学者選抜を明記	※法令改正にあわせて、関係機関・団体と連携して大学入学者選抜
	大学入学者選抜実施要項見直し	中教審答申の提言に基づき28年度大学入学者選抜実施要項から順次		
	アドミッションポリシー明確化	事例集の作成・提供	ガイドラインの作成・提供	各大学において
	財政措置	個別選抜改革を先行して行う大学への取組を推進するとともに、財政措置の在り		
高等学校基礎学力テスト（仮）大学入学希望者学力評価テスト（仮）	実施内容		専門家会議における検討 ※対象教科・科目、「教科型」・「合教科・科目型」「総合型」等の枠組み、問題蓄積、記述式導入方法、CBT導入方法、成績表示の在り方等	「新テストの実施方針」 ※出題内容・範囲、プレ内容、正式実施までのジュール等
	実施主体		新テストの実施主体の機能や在り方について検討	新テストの実施主設置に必要な法令等
高等学校教育の改革	学習・指導方法の充実	課題の発見と解決に向けた生徒の主体的・協働的な学習・指導方法		
	教員の資質能力向上	教員養成・採用・研修について、中教審教員養成部会において検討		中教審の審議結果えた制度改正
	多様な学習活動・学習成果の評価		専門家会議における検討 ※調査書の様式見直し、出願時提出資料の共通様式の策定等	調査書及び指導要
	学習指導要領の見直し	諮問	※学習指導要領改訂に係る上記スケジュールは、高等学校の過去の改訂スケジュー	
大学教育の改革	大学教育の質的転換	中教審における審議	三つのポリシーを義務付ける ※アドミッション・ポリシー、ディプロマ・ポリシー、カリキュラム・ポリシー SDの義務化をはじめとする学長を補佐する体制の充実を図る	各大学
	学生の学修成果の把握・評価推進	中教審における審議	認証評価制度において学修成果内部質保証の評価の規定創設	学修成
	大学への編入学等の推進		高等学校専攻科修了生の大学への編入学の制度化 募集単位の大くくり化、入学後の進路変更、学び直しのための環境整備を推進	各大学におけ

図6　高大接続改革に向けた工程表（2016年3月時点でのもの。その後、一部変更及び検討項目があるため、最新の表を参照されたい。）

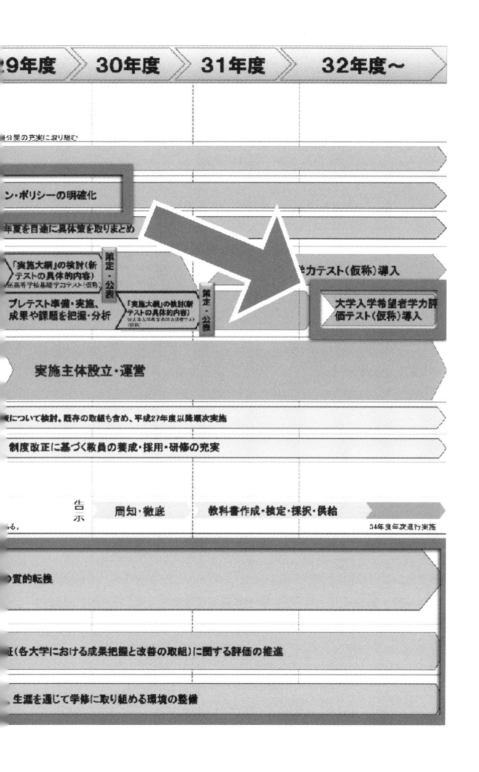

選抜の傾向までを規定するものとは思っていない。しかし図5のように合否判定の基準が分かれるとなれば、大学側に対しこれまで以上の明確な情報発信を求めてくることは想像に難くない。APのみならず、その背景にあるCP、DPの理解までが、進路指導のプロセスに求められてくるであろう。

　大学が行っている入試広報活動は今後、質的変化を求められる。イメージやブランドを中心にした広報ではなく、教育成果をエビデンスで表現する広報が中心となる。アドミッション・ポリシーには、入学後に前提とする具体的な学力を数字で盛り込むことになる。「一人でも多くの志願者に来て欲しい」という志願者数最大化ではなく、「自校に合う学生に来て欲しい」というマッチング最大化が、広報の目標になるはずだ。

　しかし大学は現在、ここまでの自己理解ができているのだろうか。求める学生の条件を問われ、「センター試験の点数が1点でも高い学生」と回答するような大学関係者が現状では少なくないが、これでは今後、高校側から教育姿勢を疑われてもおかしくない。教学IRの分析結果を高校生向けの広報媒体に記載する、広報担当者に自校の教育実態を理解させる、自校の教育を地域の高校に公開するなど、募集体制の早急な見直しが必要となる。

　図6は文部科学省による、高大接続改革の工程表である。一部の取り組みで工程の見直しが議論されているが、概ねの流れとして平成27年度までが議論フェーズ、平成28年度以降が実行フェーズとされている点は変わらない。大学が自校の教育を見直し、学修成果や内部質保証について責任ある体制を構築し、AP、CP、DPを明確化した上で、「大学入学希望者学力評価テスト（仮称）」実践準備の段階までに、それを広報などの現場職員までが実践していなければ、高大接続改革は実行力を発揮できない。

　時間やリソースが限られている中で、これらの改革を進めることは困難と思われるが、各大学の入試広報の現場には、責任を持って取り組んで欲しい。

3　生徒を大学に送り出す高校の側に今後、求められること

　前述の通り学生選抜の指針も含め、大学の教育は今後、より多様化していく。高校側に求められるのは、①高校本来がそれぞれの理念として大事にし

ている教育と、②生徒一人ひとりを伸ばす教育の2点を、これまで以上に深く実践していくことであろう。それらの教育を構成する重要な要素の一つとして、③生徒一人ひとりに合った大学・学部への進学を実現する進路指導が行われるべきである。間違っても特定大学の入試のために、その対策となる教育活動やカリキュラムを立案するべきではない。

　3年間での大学研究の進め方も、今後は変えていくことが望ましい。図7は、推薦入試ではなく筆記試験で大学入試に取り組む際の、一般的な受験校選択のモデルである。学力に合わせ、5校程度を受験するケースが多い。

　筆者は日常的に、高校教員と関わる機会を持っているのであるが、しばしば「地元の国立大学が入試選抜の方針を決めてくれないと、今後のカリキュラムが決められない」といった意見を耳にすることがある。これでは本末転倒であるし、今回の高大接続改革の趣旨からも逸れてしまう。高校側はあくまでも自分達が理想とする高校教育を実践すべきであり、その成果を評価し（文字通り「接続」して）、継承してくれる大学を探せば良い。

　その指導のために必要な情報が不足しているのであれば、高校は大学関係者に対し、その開示を強く求めるべきである。たとえばどのような条件の生徒が進学後に伸びている、または脱落しているかといった教学IRデータなどは、現時点では高校側に対し、十分には開示されていないのが現状である。高校教員は、入学後の教育の質保証に関する重要なデータを、高校訪問に訪れた大学教職員にリクエストして良い。

　特に筆者は、大学が（高校生向けにアレンジされた模擬授業などでない）「普段の授業」の様子を高校側に広く開示しないことは大きな問題と考えている。筆者の経験上、授業を公開していない大学には、授業態度の悪い学生が多い、教育力のない教員が多い、オープンキャンパスの様子と日常が大きく乖離しているといった事情をはらんでいるケースも多い。志願者数の多い人気大学であったとしても、このような大学に高額の学費を支払い進学するべきか、ぜひ進路指導のプロセスで考えさせることをお勧めしたい。就職活動の前に就業体験（インターンシップ）をさせるように、大学進学にも就学体験、学びのインターンシップが必要である。

　3年間での進路指導の流れにも、見直しが必要である。図7は高校3年間

での、一般的な進学先検討指導の流れである。こうした学年ごとのテーマに合わせ、オープンキャンパスでの模擬授業や、大学側が高校に教員を派遣して行う出張授業などを多くの高校が企画している。これらは、学問の魅力を端的に感じる上では意味がある。一方で、入学後に期待していたイメージと実際の大学での授業の中味が異なるという意見は、多くの大学中退者から聞かれる。学問の魅力だけではなく、経済学部にも数学が必要、工学部でも英語が必要など、大学での学習の実態を理解する機会を、本来なら文理選択の前に設けるべきである。実際に、生徒に大学へのインタビュー調査をさせたり、大学の普段の授業に参加させたりといった指導で、可能な限りの取り組みを行っている高校もある。

　この受験指導については、各高校、各生徒の実情に合わせて行われるものであろうから、あるべき姿を一律に規定できるものではなかろう。ただ筆者が危惧するのは、高校教員が図8における「チャレンジ校」に偏った大学研究をさせがちなことである。

　図9は、高校側が進路指導の計画の中で模擬授業や大学キャンパス見学などを企画する際、どのような大学をその対象に設定するか、その傾向を表現したものである。仮に、高校3年間のうちに5大学を見学させる場合、その5校は図9のように設定されがちである。このように、生徒に研究させる大学は多くの場合、高校教員にとっての「目指させたい大学、行かせたい大学」に偏る。たとえ実際には受験の結果、最も多くの生徒が進学しているのが「実力相応校」の大学群だったとしても、このレベルの大学を高校側が積極的に比較・研究させることは稀だ。場合によっては、「チャレンジ校以外は生徒に見せるべきではない」と考える高校教員もある。

　しかし「できるなら上を目指させたい」という指導方針と、「それ以外の大学を見せない」という指導方針は、似て非なるものである。後者が大学進学のミスマッチを生み出す原因の一つになっていることは、高大接続の課題解決を支援する筆者の立場から指摘しておきたい。

　図10は、筆者による大学研究対象校の選定案である。入試難易度が同程度でも、大学ごとに教育の方針や内容など、学習環境は大きく異なる。入試難易度を縦軸とするのなら、学習環境の比較という「横軸」での研究も重要だ。

高大接続改革の今後と課題　33

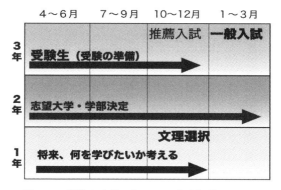

図7　一般的な高校3年間での進路指導のプロセス

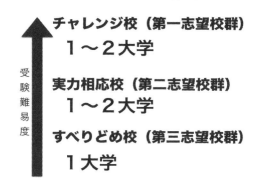

図8　一般入試で多く見られる、出願先大学の選択パターン

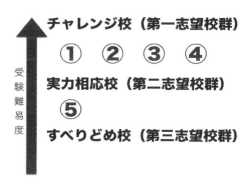

図9　高校における、大学研究の対象校の選択（5校を選ぶ例）

図10　大学研究の対象校選択の改善案（5校を選ぶ例）

　前章で論じたAP、CP、DPの読み解きや、今後の新しい大学入試への対応など、現在進められている高大接続改革はこのような進路指導の実践を前提としているように筆者は考える。

　今回の改革を良き契機として、第一志望校ではなかったとしても進学を後悔しないよう、入学後の本人の学びや成長を軸にした進路指導が、全国でさらに実践されていくことを望む。

4　まとめ：高大接続改革を成功させる上で重要なこと

　図6で紹介した文部科学省による工程表は、大学・高校の双方に対し、抜本的とも言える改革を求めている。改革の実行に向けた議論が高大それぞれの現場で進められていることであろう。現場に混乱をもたらしていると指摘する意見もあるが、生徒・学生一人ひとりの成長のために何が必要なのか、またそれを誰が担うべきなのかと、教育関係者が丁寧に考える機会となっていることは確かである。

　大学側にまず教学IRなどの定量調査や、在学生たちの進路選択プロセスおよび現状を明らかにする定性調査といった、徹底自己分析が必要である。それらに基づき、高校側が進路指導の現場で活用できるレベルのAP、CP、

DPを策定し、周知していく努力が求められる。

　それぞれの現場が持つ時間やリソースは限られる。改革を進める上で重要なのは、「送り出してもらう、送り出してあげる」といった上下の力関係になるのではなく、双方が生徒・学生のために、教育者として連携することである。前述した「大学の普段の授業に高校生を参加させる」という取り組みもそうだが、実は特別な取り組みに労力やコストをかけなくても、日常の中で高大の相互理解を深める方法はある。まずは地域の大学・高校の間で、互いの教育実態を開示し、抱えている課題をオープンにして、解決法を探る必要があるだろう。

　高大接続改革の成否は、現場の改革にかかっている。それには文字通り、まず高校・大学の関係者が、教育者として率直に手を取り合うことが重要である。

参考文献
1　文部科学省「学生の中途退学や休学等の状況について」(2014年9月25日)
2　読売新聞『大学の実力』2013年度調査結果等

広島県における「学びの変革」に向けた
チャレンジについて

寺田　拓真
(広島県教育委員会)

1　「広島版『学びの変革』アクション・プラン」の策定

　広島県教育委員会では、平成26年12月に「広島版『学びの変革』アクション・プラン」(以下、「プラン」)を策定しました。
　プランでは、育成すべき人材像として「広島で学んだことに誇りを持ち、胸を張って広島や日本を語り、高い志のもと、世界の人々と協働して新たな価値（イノベーション）を生み出すことのできる人材」を掲げ、「生涯にわたって主体的に学び続ける力」を育成することとしています。
　そして、目指すべき教育の方向性として、「知識を活用し、協働して新たな価値を生み出せるか」を重視する「コンピテンシーの育成を目指した主体的な学び」を促進していくこととしました。そのための方策として、「課題発見・解決学習」「異文化間協働活動」の2つを特に推進することとし、平成30年度には、県内すべての公立学校において、「主体的な学び」に関する実践が行われることを目指しています。

2　プラン策定の問題意識

　プランを策定するに至った問題意識は、主として2つあります。
　第一点目としては、本県に限らず、全国的な動向としても言えることですが、児童生徒の状況として、「基礎的な知識・技能の習得は概ね定着しつつ一方で、活用力や意欲・態度などに課題が見られる」ということです（図1）。

区分	小学校	中学校	高等学校
要素1 [基礎的・基本的な知識・技能の習得]	○	○	○
要素2 [知識・技能を活用して課題を解決するために必要な思考力・判断力・表現力等]	△	△	△
要素3 [学習意欲]	高	中	低

図1 本県教育の現状（「学力の重要な3要素」との比較）

そして、第二点目としては、社会が急速に変化しているということです。ある研究[1]では、今の小学生たちが将来仕事に就くときには、約65%が「今ない仕事」に就くと予測されています。また、別の研究[2]では、今後10~20年程度で、日本の労働人口の約49%が就いている職業は、人工知能やロボット等で代替できるようになる可能性があると予測されています。今後、このような「変化の激しい先行き不透明な社会」が到来することを踏まえれば、子供たちには、「今ある仕事」にきちんと就けるというのは勿論のこと、「今ない仕事」にもきちんと対応でき、社会がどう変わっても、自立や自己実現を図ることができる力を育んでいく必要があります。

さらに言えば、「グローバル化」の進展により、このような社会の変化に対しては、誰一人として「他人事ではいられない状況」になると考えられます。現在の社会は、「人・物・金・情報」が国境を越えて行き交う社会です。かつての地域は、東京や大阪など、大都市を経由しない限り、世界と繋がることができませんでしたが、現在は、ICTの発達、物流革命、LCCの台頭などにより、世界と直接繋がることができるようになりました。例えば、インターネットを活用すれば、中山間地域も、世界中の物を簡単に手に入れられるようになったこの時代においては、地域で細々と営んでいる個人商店が、どんなに「ウチは世界のことなんて関係ない」と言ったとしても、Amazonや楽天などの影響を受けずにはいられないのです。

一方で、「繋がりたくなくても繋がらざるを得ない」ということは、逆に

言えば、「繋がりたければ繋がることができる」と言えます。つまりは、このような「グローバル化」の影響を、「ピンチ」ではなくむしろ「チャンス」と捉えて、たくましく前向きに乗り越えていく力を、子供たちに育んでいかなくてはならないと考えられます。

3　「社会の変化」と「資質・能力」

　このような現状認識、そして問題意識のもと、プランは構成されています。
　プランでは、冒頭、「プラン策定の趣旨」として、グローバル化や少子高齢化など、広島県を取り巻く現状について、広い視点から整理を行っています。そして、このような「変化の激しい先行き不透明な社会」においては、学校で学んだ知識・技能を定型的に適用して解ける問題は少ないことから、「自ら深く考え、それを統合して新しい答えを作り出す力」や「他者と協働・協調できる力」、そしてそれらの力のベースとして「生涯にわたって主体的に学び続ける力」を育んでいくことが不可欠であると整理しています。
　通常、教育に関する計画は、まず、基礎学力の向上や生徒指導上の諸問題など、学校において生じている様々な教育課題を取り上げた上で、その解決に向けたアプローチを提示するという構成が一般的であると思われます。しかし、敢えて前述のような構成を採ったのには、主に2つの理由があります。
　第一に、「資質・能力の変化」の観点です。プランにおいても整理しているように、これまでの「産業化社会」とこれからの「知識創造社会」では、当然、求められる資質・能力にも変化が生じると考えられます。さらに言えば、学校が所在する地域の状況や子供たち1人1人の将来像によっても異なります。このような観点から、国や教育委員会が示す資質・能力の考え方を踏まえつつも、各学校において、その更なる具体化を図っていくことが必要であると考えました。
　第二に、「教職員の意識変革」の観点です。プランでは、すべての子供たちに「生涯にわたって主体的に学び続ける力」を育んでいくことを目指していますが、そのためには、まず教職員自身が「主体的に学び続ける教職員」にならなくてはなりません。また、学校が社会の中に存在している以上、

様々な社会の変化に学校も影響を受けます。このような点を踏まえれば、教職員は、様々な教育課題を解決できる「教育者としての専門性」の向上を図る必要があるのは勿論のこと、これに加えて、学校外で生じている社会の様々な変化や課題についても「自分事」として関心を持ち、その解決・改善に向けた方策を思い描くことができる「地球市民としての広い視野」を身に着けていく必要があります。この双方の観点から、教職員は「生涯にわたって主体的に学び続ける存在」であることが求められます。

4　「資質・能力」の考え方及び新しい教育の方向性（学びの変革）

　前述のとおり、プランでは、育成すべき人材像として「広島で学んだことに誇りを持ち、胸を張って広島や日本を語り、高い志のもと、世界の人々と協働して新たな価値（イノベーション）を生み出すことのできる人材」を掲げています。

　「新たな価値」「イノベーション」と言うと、日本や世界の在り方を抜本的に変えるような大きなものを想像しがちですが、それだけではなく、「地域の課題解決に繋がる小さな発見」や「自分自身がよりよく生きていくきっかけとなる小さな気付き」なども含まれます。目指すべきは、「現状に満足・絶望することなく、常によりよい選択肢を探して、前向きに行動し続けることができる人材の育成」であると考えています。

　このような考え方のもと、プランでは、「生涯にわたって主体的に学び続ける力」をすべての子供たちに育むことを目指し、「これからの社会で活躍するために必要な資質・能力（コンピテンシー）」の育成を図ることとしています。このコンピテンシーについては、①知識、②スキル、③意欲・態度、④価値観・倫理観という4つのカテゴリーを掲げた上で、それぞれについて、①知識:知識・情報、②スキル:思考力・判断力・表現力、課題発見・解決力、論理的・建設的批判能力、コミュニケーション能力等、③意欲・態度:チャレンジ精神、主体性・積極性、リーダーシップ等、④価値観・倫理観:自己理解・自らへの自信、異文化理解・共感力、日本人としてのアイデンティティー、高い志、人としての思いやり等のように、具体例を示しています

（図2）。しかしながら、前述のような考え方に基づき、このうちのいずれを特に重視するかについては、各学校の判断に委ねられています（ただし、4つのカテゴリーのバランスに留意することが必要です）。

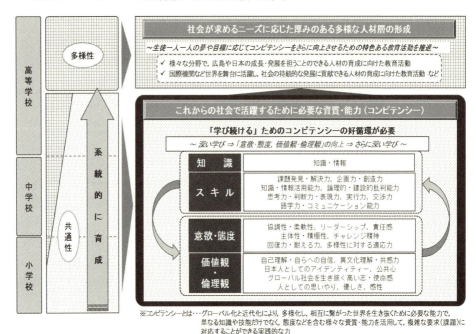

図2　育成すべき資質・能力

そして、プランでは、新しい教育の方向性として、これまでの「何を知っているか」を問う「受動的な学び」に加えて、「知識を活用し、協働して新たな価値を生み出せるか」を重視する「コンピテンシーの育成を目指した主体的な学び」を促進していくことを掲げました（図3）。

具体的には、「知識の量」と同じくらい「知識の構造と質」を重視し、
① 「受動的な学びから能動的な学びへ」
② 「教師基点の学びから学習者基点の学びへ」
③ 「浅い学びから深い学びへ」
という3つの転換を目指すこととしました（図4）。そして、そのための方

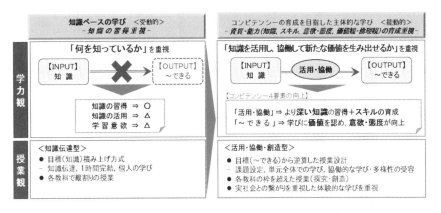

図3　これからの新しい教育の方向性（学びの変革）

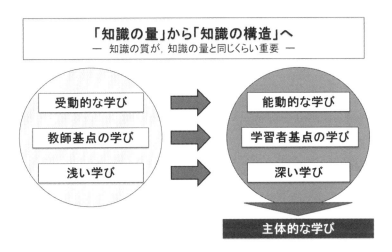

図4　本県が目指す「主体的な学び」

策として、「課題発見・解決学習」「異文化間協働活動」の2つを特に推進することとしています。

　一方で、プランにおいては、敢えて、「主体的な学び」を促すための具体的な「手法・型」を例示していません。また、「10年先を見据えた施策展開」として6つの施策を掲げていますが、「課題発見・解決学習の推進」を冒頭に

するのではなく、敢えて「施策2」とした上で、「施策1」には「育成すべき人材像（資質・能力）の具体化」を掲げています（図5）。

10年先を見据えた施策展開（概要）

施策1　育成すべき人材像の具体化
◆これからの社会で活躍するために必要な資質・能力（コンピテンシー）の育成を目指した教育活動を実践するための評価指標を開発し、教職員や児童生徒の間で目標の共有化を図る

＜主な取組例＞
○小・中・高等学校においてモデル校を指定し、実践事例の研究開発
　（平成30年度を目途に全県展開）
　　　　　　　　　　　　　　　　　　　　　など

施策2　課題発見・解決学習の推進
◆コンピテンシーの育成に効果の高い「主体的な学び」を促進するため、総合的な学習の時間をはじめ、各教科等の学習において、「課題発見・解決学習」を推進する

施策3　異文化間協働活動の推進
◆これからの社会で活躍するためのベースとなるグローバル・マインドや実践的なコミュニケーション能力の育成に向けて、小学校段階からの系統的な「異文化間協働活動」を推進する

○グローバルキャンプなど「異文化間協働活動」を行う学校の支援体制の整備
　（「異文化間協働活動コーディネーター」の育成・配置の検討）
○高校生の海外留学、姉妹校交流の更なる促進
　　　　　　　　　　　　　　　　　　　　　など

施策4　厚みのある多様な人材層の形成に向けた学校の体制整備
◆社会が求めるニーズに応じた厚みのある多様な人材層の形成に向けて、県立学校の体制整備を早急に進める

○県内各地域のコンピテンシー育成教育の拠点となる併設型中高一貫教育校の設置
○複数の専門学科からなる専門高校の設置
○従来の定時制・通信制課程の枠組みに捉われない学校（フレキシブルスクール［仮称］）の設置
○地域の医療や教育を支える人材を育成する学校の整備（医師・教員類型の設置）
○グローバルリーダー育成校［仮称］の設置検討

施策5　教員の採用育成方針の整備
◆コンピテンシーの育成を目指した教育の実践に向けて、教員の採用育成方針の抜本的な見直しを行う

○中核教員研修や海外長期派遣研修の実施
○広島県「教員養成塾」の実施検討　　　　　など

施策6　県全体の機運醸成
◆県民総ぐるみで児童生徒や学校の新たな挑戦を応援していくため、県全体の機運醸成を図る

○広島県教育フォーラムの開催
　（児童生徒の「課題発見・解決学習」の成果発表、高校生グローバルサミットなど）
○学校の取組を支援する基金の設置　　　　　など

図5　広島版「学びの変革」アクション・プランに掲げた「6つの施策」

プランが目指すゴールは、単に「課題発見・解決学習が行われること」ではなく、「すべての子供たちに『主体的に学び続ける力』を育成すること」です。そのためには、前述のとおり、まず教職員自身が「主体的に学び続ける教職員」になる必要がありますが、教職員が、教育委員会から「手法・型」が示されるのを待っているのでは、典型的な「受動的な学び」になってしまいます。そうではなく、各学校の教職員全員が「育成すべき資質・能力」について考え、共通認識を持った上で、その育成に必要な教育活動を主

体的に実行していくことが必要であり、教育委員会は、各学校の多様な実践を支援するべきです。こうした考え方のもとに、プランは整理されています。

5　本県が目指す「主体的な学び」

　前述のとおり、本県が目指す「主体的な学び」は、
　①「受動的な学びから能動的な学びへ」
　②「教師基点の学びから学習者基点の学びへ」
　③「浅い学びから深い学びへ」
という3つの転換を目指すものです。
　これまでの教育は、「何を知っているか」、そして「ペーパーテストで測れるもの」を過度に重視してきました。このため、極端な例かもしれませんが、例えば、子供たちの「主体性」の状況をチェックする場合にも、「主体性の意味を知っているかどうか、ペーパーテストでチェックすれば十分だ」あるいは「ペーパーテストでチェックするしかない」と、多くの学校で考えられてきたのではないかと考えられます。しかし、それでは、子供たちの本当の力は測ることができません。結果、「お年寄りには席を譲りましょう」ということ自体は誰もが知っているのに、実際の電車では誰も席を譲っていない、という状況が生まれてしまいます。
　このような状況の改善を目指すのが、本県の「学びの変革」です（図6）。
　これまでの教育では、言うなれば教師は電車の運転手であり、子供たちはその乗客でした。すなわち、教師が「時間配分」さえ間違えなければ、教師が予め設定した「目的地」には到達することができます。しかしながら、電車に乗っている間に子供たちが何をするかは、子供たち次第であると言えます。電車の中で成長することなく、受動的に時が過ぎるのを待っていたとしても、終着駅が来れば、強制的にその電車からは降ろされ、次の電車への乗り換えを余儀なくされます。それを何度か繰り返した上で、最後は、乗り換える電車が存在せず、突然、自力で移動することを求められるのです。
　そして更に悲しいことは、その「目的地」自体が、子供たち自身が行きたい場所には必ずしもなっていないということです。教師は、「目的地」に無

事送り届けられたという安堵感があるかもしれませんが、一方の子供たちは、何故この場所に送り届けられたのかも分からないまま、なし崩し的に次の電車に乗り換えている可能性があるのです。

　これからの教育（自動車型）は、この「学びのハンドル」を子供たちに譲り、「何故そこに行くのか?」という問いを子供たち自身が自問自答し続けながら、前に進んでいく必要があります。その際、「目的地」には無限の行き方がありますし、そもそも途中で目的地を変更することも自由です。このプロセスにおいて、教師たちは、言うなれば「コンパス」として、子供たちの旅路を支える役割を担うことが求められるのです。

これまでの教育	これからの教育（コンピテンシーベース）
「何を知っているか」が大切	「何ができるか」が大切
「ペーパーテストで測れるもの」が大切	「ペーパーテストで測れないもの」も大切
✓「『主体的』の意味を知っているか」を　ペーパーテストでチェック	✓「主体的に行動できているか」を　行動でチェック
電車型（運転手は先生⇔高校生は乗客）（ゴールへの行き方は一通り）（ゴールは予め決まっている）	**自動車型**（運転手は高校生＋先生は同乗者）（ゴールへの行き方は無限大！）（途中でゴールも変更可！）

図6　「これまでの教育」と「これからの教育」

　なお、前述の「主体的な学び」に関する「3つの要素」のうち、①「受動的な学びから能動的な学び」に関しては、「能動的」であるべきポイントは、あくまで「思考」であって、「活動」ではないと考えます。大切なのは、「思考がアクティブ」なことであり、そうであれば、活動はアクティブだろうがアクティブではなかろうが、どちらでも問題ありません。最近、ともすると「活動がアクティブであれば良い」と捉えられる風潮が見られますが、この考え方には、本県は賛同しません。

これは、子供たちの評価についても同様です。例えば、グループ学習をさせた際に、何も考えずにわいわい発言している子がいた場合、動き自体はアクティブですが、思考は能動的ではありません。むしろ、あまり発言は多くないが、頭の中では、何とか最善解に辿りつこうと思考を巡らせ、グループでの議論を深めていきたいと考えている子がいるのであれば、この子の方が能動的だと考えられます。

　また、②「学習者基点の学び」における教師の役割は、「子供たちをただ見守って、放任すること」ではありません。図6に、「自動車型」と記載したとおり、これからの教育では、子供たちが運転手になります。その時に教師はどこにいるかと言えば、「いってらっしゃい」とスタート地点で見送るのではなく、助手席に座っていなくてはなりません。質問や対話を通じて、児童生徒の学びの深まりを誘導する「ファシリテーター」としての役割が、一層重要になると考えられます。

　そして、何より重要なのは、「育成すべき資質・能力」を基軸に、教育目標・内容、学習・指導方法、学習評価、これら全体の在り方を一貫して見直すことができているかどうか、だと考えられます。

　その際には、「育成すべき資質・能力」と、「教育目標・内容、学習・指導方法」とを繋ぎ合わせる「かすがい」として、「学習評価」が極めて重要な意味を持つことは、言うまでもありません。

6　「学びの変革」実現に向けた具体的な取組み

　本プランに基づき、平成27年度から、広島市を除く県内22市町において、様々な実践がスタートしています。具体的には、小中学校30校、高等学校24校を「パイロット校」に指定し、「課題発見・解決学習」に関するカリキュラム、指導方法、評価方法等の開発に取り組んでいます。

　取組みが開始した年度当初、各学校からは、「何から取り組めば良いのか分からない」「取り組むべきことを具体的に指示してほしい」という声が相次ぎました。しかし、教育委員会としては、それに対して「まずは、各学校において、『子供たちにどのような資質・能力を育成したいのか』について

議論することから始めてほしい」旨を回答し続けました。これは、前述の考え方に基づくものです。

　一方で、具体的なイメージが持てなくては、議論すること自体も難しいと思います。このような観点から、まず、全学校に配布している「広島県教育資料」では、理論の一例として「ICEモデル」を紹介し、これに基づいた、各教科等の単元計画・学習指導案・評価の在り方の例を掲載しています。

　また、県教育委員会と県教育センターが共同で、各パイロット校における取組の中心を担う「中核教員」向けの研修会（中核教員研修）を年間10日間以上実施していますが、ここでは、国内外の様々な理論や実践を幅広く学ぶことが出来るよう、様々な有識者の方々から、丁寧な御指導をいただいています。

　ただし、この場合でも、前述の考え方に基づき、各学校においては、このような多様な理論・実践をすべて導入する必要はなく、自校の実情に合わせて、必要に応じて取り入れていくこととしています。

　また、「学びの変革」を実現するためには、一部の教科や指導方法のみを改善すれば良いということではなく、前述のとおり、あらゆる教科等の、また教科等を超えて、教育目標・内容、学習・指導方法、学習評価など、教育活動全体を「育成すべき資質・能力」という観点から、一貫性を持って見直していくことが必要です。このような観点から、中核教員研修においては、基本的な考え方や方向性などについて学び、議論する時間を重点的に設けています。

　さらに、各学校の実践は、中核教員のみで実現できるのではなく、管理職のリーダーシップのもと、学校全体（さらには家庭や地域など子供たちに関わる関係者全体）で取り組んでいくことが必要となります。このため、小中学校に関しては、教育委員会の指導主事が「担当チューター」として中核教員に必ず付くこととし、学校全体での組織的な取組みをサポートすることとしています。また、高等学校に関しても、各教科を通じた取組の一貫性を確保するため、パイロット校の教務主任が参加する連絡協議会を定期的に開催しています。

　なお、このような成果をすべての学校に広げる観点から、中核教員研修の

内容は、すべて録画した上で、資料とともに県教育委員会HPに動画で掲載することにより、全教職員が閲覧できるようにしています。

　併せて、「課題発見・解決学習」「異文化間協働活動」双方のリーディングプロジェクトとして、OECD（経済協力開発機構）等と連携の上、「広島創生イノベーションスクール」を実施しています。これは、国公私立の枠を超えて公募により集まった県内の高校生約70人が、他国の高校生、県内企業・NPO・大学等と協働の上、3年間かけて、広島に向き合い、広島の魅力と課題を発見し、広島の力を世界に発信する「プロジェクト学習」に取り組むものです。この活動における「育成すべき資質・能力」については、教育委員会側が作成して示すのではなく、参加生徒や教員・社会人・NPO・大学生たちがともに議論して作り上げることとしています。また、評価についても、まず生徒自身が評価した上で（自己評価）、それを生徒同士が議論し（相互評価）、さらには大人たちからのフィードバックをもらう（第三者評価）など、様々な手法を組み合わせて行っています。さらには、生徒自身による活動の振り返り（リフレクション）についても、単に「結果として何が分かったか」を問うのではなく、「活動前と比べて、自分自身にどのような変化が生まれたか」というプロセスを重視するリフレクションを実施しています。

7　今後の展望

　本県の「学びの変革」は、始まったばかりです。パイロット校を中心に、各学校において様々な工夫改善が行われていますが、当然、多くの課題も生じています。このような中、県教育委員会では、管理職をはじめ教職員に、繰り返し「失敗しても良いですから、その失敗事例も含めて報告してください」と伝えています。

　このような教育改革の必要性は、ここ数十年、言われ続けてきました。しかし、残念ながら、現在も変わらず、課題は眼前に山積しています。それほどまでに「学びの変革」は、壮大なチャレンジなのだと思います。

　「学びの変革」を進める上で、いつも心に置いている言葉があります。それは、次のような言葉です。

> 我々教育者は、20世紀型の教育しか受けてきたことがない。
> 一方で、子供たちは、学校の外では、既に21世紀型の体験や学びをしてきている。そんな状況の中で、20世紀型の教育者たちは、21世紀型の教育に向き合わなくてはならない。
> 「しかし、やったことのないことは、出来ない」と言ってしまうのは、「教育者」としての敗北であるのみならず、「教育」自体の敗北だ。
> 子供たちは日々、学校で「やったことのないこと」に取り組み、乗り越え、成長している。それこそが「教育の力」なのだ。
> 「やったことのないことは、出来ない」と教育者自身が言うのなら、教育は、無力で価値を持たないものになるだろう。

　これからも、広島県では、「チャレンジする子供たちを育てるには、まず、教育関係者自身がチャレンジしなくてはならない」という思いのもと、あらゆる教育関係者が一体となって取組を進めていきます。
　※　なお、「学びの変革」の詳細については、広島県教育委員会HP（http://www.pref.hiroshima.lg.jp/site/global-manabinohenkaku-actionplan/）を参照してください。

注
1　米ニューヨーク市立大学キャシー・デビッドソン教授の研究
2　株式会社野村総合研究所と英オックスフォード大学のマイケルA. オズボーン准教授およびカール・ベネディクト・フレイ博士との共同研究

高校事例編

　事例編では、各高校の、教育改革、キャリア教育、地域連携の取り組みの主に3つのテーマでまとめた。各取組みは一部だけを取り上げて完結しないものであるが、特に各テーマに重点を置いてご紹介いただくよう執筆いただいた。未来を見据えた教育というコンセプトでは色濃くつながっており、各所で柔軟な対応と迅速な実践と発展が全体に見られる。各校の置かれた状況、生徒の様子、課題は多種多様であるものの、高校における大きな学びの転換の様子が分かるのではないだろうか。執筆各位には写真や資料、行事記録などで、各取組みイメージがしやすいようにできるだけご提示いただいている。最新かつ包括的な取組みについては各校の最新情報を多くあたるなどによって、さらに議論を深めていただきたい。

〈教育改革〉

　　金子　暁（広尾学園中学校高等学校）
■生徒たちが日本の教育を超えていく……………………………………… 50
　　熊本県立済々黌（せいせいこう）高等学校　グローバルキャリア課
■大学と連携したグローバル教育の取り組み…………………………… 70

〈キャリア教育〉

　　飯塚秀彦（伊勢崎市立四ツ葉学園中等教育学校）
■高大接続からみた、キャリア教育、進路指導の問題点……………… 92
　　柞磨昭孝（広島県立祇園北高等学校）
■高大接続を視野に入れたキャリア教育の実践………………………… 109
　　―大学との教育連携を通して―
　　岩佐峰之（京都市立西京高等学校）
■京都市立西京高等学校のキャリア教育………………………………… 123
　　―エンタープライジングな人材育成をめざして―

〈地域連携教育改革〉

　　藤岡慎二（株式会社Prima Pinguino）
■離島・中山間地域で進む教育改革……………………………………… 140
　　―「高校魅力化プロジェクト」から考える高大接続と進路指導―

生徒たちが日本の教育を超えていく

金子　暁
(広尾学園中学校高等学校)

　私たち中学高校の教員は、かなり前から「高大連携」という言葉を聞いてきた。これは、私たちにとっては高校と大学の「交流」を表す言葉であり、高校生が大学の講義に入れてもらったり、大学の先生方が高校に来て専門分野の話をしてくれるといった程度のものと理解してきた。しかし、現在語られている「高大接続」は、単なる「交流」の域を超えて、大学の教育を変えること、さらには大学教育の前提となる高校(私たちの場合は中学高校)の教育をも変えるということを意味している。

　それだけ日本の大学教育はもはや悠長に構えていることができなくなったということだろう。時代の要請に左右され過ぎて自分たちを見失うことも問題だが、だからといって大学教育が時代に取り残されて良いということにはならない。それは私たち中学高校の教員も同じである。これまで、中学高校の教員の多くは、変化をしない言い訳として日本の大学入試を上手く利用してきた。「どんなに良い教育活動をしようとしても、大学入試があれではやりようがない」そんな言い訳である。

　しかし、大学のみならず現在の日本の教育機関が抱えている課題は、そういった中学高校教員の他人任せの姿勢を「仕方がない」で済ませられるレベルではなくなっている。それは首都圏だろうが地方だろうが、公立だろうが私立だろうが同じである。すでに私たちはその課題に正面から向き合うべき段階を迎えているし、たとえ逃れようとしても遅かれ早かれ誰もが向き合わざるを得なくなると私は考えている。

　ここでは、私が所属してきた東京の私立中高一貫校である広尾学園中学高校(以下、広尾学園)のたどってきたこれまでの経緯、現在の取り組み、そして

これからの考え方を通じて、私たちがこれまでの教育の中にどういった自分たちの課題を見出し、その課題をどう乗り越えようとしているのかを説明する。

今回は「学力改革の視点から」ということになるが、「学力」を従来型の学習活動の成果とのみ見てしまうと、きわめて視野の狭い「学力」像しか見えてこない。次の時代の「学力」を考えるためには、従来型の学習活動のみならず、学校における幅広い教育活動の可能性、さらには従来の学校では考えられなかった高度な教育活動の可能性までを踏まえた「学力」まで言及することが必要となる。そういった次世代の「学力」像の構築こそが「学力改革」なのだと私は考えている。

1　学校改革と「学力」

（1）　どん底からの生還

広尾学園は法人名を順心広尾学園という。大正時代に板垣退助夫人である板垣絹子など、当時の政治家の夫人たちが大日本婦人共愛会という団体を結成して創立した順心女学校（のち順心女子学園）が前身である。伝統的な都内女子校としての歴史を歩んできたが、1990年前後をピークとして学園は一般的な少子化よりもかなり急なスピードで生徒減少期を迎えることになる。1990年には中学高校合わせた全校生徒数は1792名。定員をはるかに超える生徒数を誇ったものの、その8年後に全校生徒数は半分となり、10年後には三分の一にまで急減する。2000年代に入っても経営危機の状態は続き、いよいよ学校の存続そのものが難しいという段階を迎える。

生徒減少に悩み続けた女子校は一般的に、共学化によって事態を打開しようとする。しかし、そのパターンは一般的ではあっても結果はさまざまである。一気に生徒数回復につながる場合もあれば、生徒募集にほとんど変化が見られなかったというケースもある。一時的にブームとなっても、その後はすっかり話題にも上らないというケースもある。そういうさまざまな可能性を横目で見ながら、私たちは2007年共学化、進学校化、そして「広尾学園」への校名変更を選択する。

この選択の時点でも教職員の中には、「今までの枠組みのままでもさらに頑張ればやっていける」という意見、「もうしばらく様子を見たい」という意見も混在していた。一方、広報を担当していた私には、従来の枠組みの中でやれることはやり尽くしてしまったという現実感覚があり、「もうしばらく様子を見たい」という意見にはもはや言うべき言葉が見つからなかった。自分たちの学校がそこまで追い詰められてもなお、先延ばしを求める声は存在する。ただ、さすがにこのままではまずいという意識が、圧倒的多数の教職員の胸中にはあったのだろう。同時に、こういった先延ばし論は具体的な根拠を何一つ持たないことが多い。結果としてそういった意見は何ら影響力を持つことなく、2007年共学化・進学校化・校名変更へ向けての具体的な準備が始まることになる。

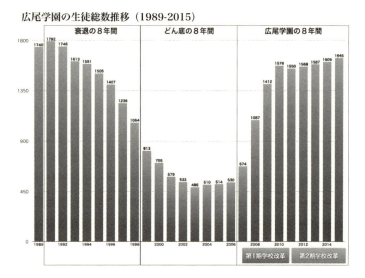

図1　広尾学園の生徒総数推移（1989-2015）

教師に限ったことではないのだが、特に教師の多くは、今までやってきたことをそのままやり続けたいという傾向が強い。決まった枠の中で余計な不安や疑いを持たずに、日々の業務をこなし続けたいと思っている。私自身、本音の部分では自分がその典型例だと自覚している。それで済んでいけるな

ら良いのだが、実際は学校の状況、学校を取り巻く環境がそれを許さない事態は比較的容易に起こるものである。広尾学園(当時、順心女子学園)のケースはその事態がきわめて短期間に、かつ劇的に訪れた事例と言って良いだろう。

　後から振り返って思うのが、あの時、先延ばしの発言に引きずられて、もし「枠組みを変えない」という選択をしていたら、広尾学園は今頃存在していなかったというのが現実である。逆に考えるならば、これも回復を遂げた今だから分かることだが、存続の危機まで追い詰められたあの時、そこには目に見えない大きなチャンスが横たわっていたということである。この時の経験から、私は「危機的状況」や「追い詰められた状況」には必ずその脇にチャンスがあると考えるようにしている。ただし、そのチャンスは掴んだ後になってはじめてその姿を現す。

　今の日本の教育の状況も同じなのではないかと私は思う。個々の教員の努力や頑張りはもちろん必要なのだが、それだけで乗り越えられる状況ではない。中学高校の教員の立場で言えば、大学の変化や入試の変化を期待して待つのではなく、それ以前に中等教育の教員自身が従来の「枠組み」を超える取り組みを始める一大チャンスだと思うのである。

(2)　教師の都合と生徒の未来

　広尾学園の軌跡を振り返りながら、私が考え続けてきたことがもう一つある。何故、約1800名の生徒が通う活気あふれた学校が、急激な衰退の局面に入ったのかということである。この事実をどう分析するかは、広尾学園という事例にとどまらず、日本の学校全体にとっても何らかの意味を持つのではないかと思う。「努力が足りなかった」「安住してしまっていた」というような反省では本質には決して近づけない。

　今現在、広尾学園にはICT視察を目的とした教育関係者が全国から来校している。基本的に日程さえ合えば教育関係者の来校は受け入れているが、学内の様子を見てもらって説明するだけでなく、来校した皆さんとは可能な限り対話をするように心がけている。さまざまな学校の状況や課題を伺うのであるが、そういった多様なケースと本校のかつての姿を重ね合わせたり、比較して考える中で浮かび上がってきた一つの構図がある。

それは「教員の都合」と「生徒の未来」という構図である（図2）。かつて衰退に向かった時期の私たちの学校は、明らかに「教員の都合」を最優先させることが多かった。「教員の都合」、つまり教員がやりたいかどうか、教員がやりやすいかどうかで教育活動が決定され、学校全体もそれに引きずられて運営されていく。その傾向が非常に強いと何が起きるか。怖いことだが、「生徒の未来」がほとんど顧みられない傾向が強まっていくのである。「生徒のために」と表向きは言いながらも、実は教員にとってのみ都合の良い学校になっていくのである。私もそれが当たり前の学校の姿だと思い込んでいた。

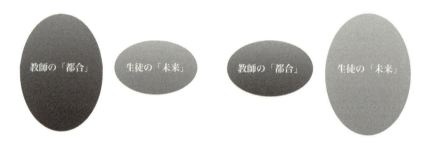

図2 「かつての衰退」の構図（左）と「今の成長」の構図（右）

冷静に考えれば言うまでもないことだが、そういう構図の学校は一時的に調子の良い時期があったとしても最終的には衰退へ向かう。現実に私たちの学校は稀に見るスピードで生徒数を減少させることになる。そして、現在の広尾学園の構図はまったく逆である。何よりも「生徒の未来」にとって、今何が必要なのか。それを追求し続けることが最優先されている。そういう姿勢が最優先された上で、「教員の都合」も調整されていく。こういう構図になっている学校は進化・発展の可能性が十分にあると言ってもよいと思う。

どんなにもっともらしい衰退の理由や発展の理由を挙げるより、現実はきわめてシンプルな原理で動くと理解したほうが本質には迫りやすい。逆に、どんなに労力を費やしてデータ分析などをしても、本質に近寄れない分析は虚しい。

（3） 第１期学校改革から第２期学校改革へ

　私たちは、広尾学園となってからこれまでの積み重ねを、2007年から2011年頃までの「第１期学校改革」とそれ以降の「第２期学校改革」とに分けて考えている。第１期学校改革期とは「生き残り」をかけて生徒募集が中心となった時期であり、第２期学校改革期とは学校が教育機関として成長し続けるための教育高度化の時期と位置付けている。

　この第１期学校改革での教職員による暗中模索の格闘ぶりが世に受け入れられて生徒数の回復へとつながるのであるが、その受け入れられた理由というのはさまざまな要素が絡み合っており、単純ではない。ただ、私の視点から教育活動に絞って分析するならば、「授業」そのものに焦点を当てたこと、その授業をレベルアップするための「教員研修」の取り組みをセットにしたこと、さらに2009年からスタートする独自のキャリア教育が、先進的な教育活動に取り組んでいる学校というイメージを醸成したことが挙げられると思う。

　本校のキャリア教育は、従来の職業体験などの一般的なキャリア教育の枠を飛び越えて、学校での基本的な教育活動に新たな価値を付加するものとして、次の第２期学校改革への架け橋としての役割も果たすことになる。

　一方で、2007年から開設されたインターナショナルコースはマネージャー植松久恵のリーダーシップのもとで順調に生徒数を伸ばし続け、中学では2010年から「もともと英語力の高い生徒たち」（AG＝アドバンストグループ）と「英語力ゼロでも高いモチベーションと学力を持った生徒たち」（SG＝スタンダードグループ）の２つのグループの混合で１クラスを形成するという他に例のないスタイルを構築する。

　さらに、2011年から高校に医進・サイエンスコースが設立される。この医進・サイエンスコースはマネージャー木村健太の、従来の中等教育におけるサイエンス教育をはるかに超えるサイエンス教育をという熱烈な思いと行動力で設立に至ったコースである。

　第１期学校改革という学校存続をかけた取り組みの中で、今度は「入学してきた生徒たちの未来のために何を提供すべきか」という問いが生じてきた。この問いに対する答えとして生み出されたのが本校のキャリア教育であり、

インターナショナルコースの国際教育スタイルであり、医進・サイエンスコースの本格的な研究活動をベースとしたサイエンス教育であった。ここに、広尾学園は「生き残り」の第1期学校改革から「教育活動高度化」の第2期学校改革の段階へ突入することになる。

（4） 第1期学校改革と第2期学校改革における「学力」

　ここでそれぞれの時期における「学力」について触れておきたい。第1期の段階で、まず課題となったのは（大学）「受験学力」である。進学校化という路線を打ち出した以上、いかに早く、効率よく大学合格実績を伸ばすことができるかは重要な課題となった。朝はP.L.T（Personalized Learning Test）という15分間の完全個別型ドリル形式の学習時間が設定された。また、定期試験では、中学1年生段階から無理のない範囲で大学入試問題をピックアップして試験に組み込むことが推奨され、定期試験後には答え合わせだけではない解説授業が設定され、そのための解答解説集というかなり分厚い資料集も期末試験のたびに配布されるようになった。進学校の真似をして夜の9時まで学校に残って勉強をする「9時学」という枠も設定された。

　いずれも学習塾的な発想が色濃い取り組みであったが、学校全体が「勉強する」雰囲気を作り出すという点において効果的ではあった。大学入試においても「思考力」ということが言われ始めたこともあって、知識だけでなく思考力を鍛える授業をという話が出ることもあった。ただ、いずれにしても学校としての大学合格実績を目標とする「学力」育成の取り組みが中心であったと言える。私たち教員もそういった「学力」を伸ばすことに創意工夫を重ねたのが、第1期学校改革の段階であった。

　第2期学校改革は、上記のようなさまざまな取り組みを現実に合わせて再編する動きとなって現れた。背景には、入学偏差値が年々急上昇をし続け、毎年、より高い学力層が入学し続けることで、生徒を丸抱えして鍛えるような指導スタイルが現実に合わなくなってきたことがある。同時に教員たちも日々の実践の積み重ねの中で成長し、生徒にとってより現実的で効果的な仕組みへの切り替えが行われていった。

　結果として、インターナショナルコースの最初の卒業生からはUCバーク

レーやUCLA、カナダトップのトロント大学などの海外名門大学への合格者が出る一方、医進・サイエンスコースからは初の東大合格者や東工大生命理工学部初のAO入試での合格など、本科も含めて3コースともに隔世の感のある大学合格実績を上げ続けている。

そういった状況の中で、今の私たち教員にとっての「学力」はかつてのような国内大学合格をゴールとする「学力」ではなくなっている。それが際立っているのは医進・サイエンスコースの取り組みであろう。医進・サイエンスコースの研究活動は、大学合格や大学進学のそのはるか先を見据えた高度な取り組みである。国内外の研究者がまだ解明していない対象のみをテーマに選べるのが医進・サイエンスコースの研究活動である。そうなると、従来型の「学力」だけではなく、先端の研究ができるだけの「学び」や「能力」を含めたものが彼らの「学力」ということになっていく。

インターナショナルコースでも海外受験を目指す生徒は、学内での高成績を維持することが必須であると同時に、高校3年間の日常と長期休暇を最大限活用して自身のキャリアストーリーを形成することが必要になる。国内コンテストはもちろんアジア、世界レベルの大会に参加し、企業でのインターンシップ活動も行って自分自身の高校3年間を積み上げていく。これはもちろん海外大学へ進学するための努力ではあるが、従来型の「学力」とはまったく別次元の「学び」と「能力」が彼らの「学力」であり、それは大学入学後のみならず生涯を通じて彼らの土台として生き続ける力と言って良いだろう。

日本のトップ大学の入学者に比べて、海外トップ大学の入学者は「入学時点ですでに大人」であることが圧倒的に多いという話を聞くが、それは生徒にとっての「学力」の意味の違いが生み出している現象なのだろう。大学入学時点で日本の学生たちが「子供」であるとするならば、それは私たちの中等教育自体が大いなる過ちを犯し続けていることの証明なのである。

2　ICT活用と「学力」

(1)　広尾学園のICT導入

広尾学園のICT活用の開始は、2007年のインターナショナルコースの創設

までさかのぼる。インターナショナルコースの外国人教員たちは、生徒がMacBook Proを一人一台所有して学園生活を送る体制をいち早く作り上げた。それから学校全体がICT導入ということに踏み出すには、2010年のiPadの登場まで待つことになる。2010年の夏休み明けの教員研修で、私は広報の今村知時(現・システム/ICT課長)と一緒にiPadを使った短いプレゼンを行っている。iPadの登場が社会現象を巻き起こした段階で、私たちはこの情報機器が教室の生徒たちの机の上にぴったりのツールになると直感していた。何より、起動の速さとバッテリーの持ちはそれまでのPCとは別次元のものであり、サイズは教科書やノートと変わらず机上を占領することもない。まさに教育活動のために創られた情報機器ではないかと思わざるをえなかった。翌2011年、医進・サイエンスコースの創設に合わせて、学校はiPadを購入して医進・サイエンスの生徒に貸与する形でICT活用が始まった。当時、国内の中高でiPadを本格的な意味で教育に活用し始めた学校は、他に千葉県立袖ヶ浦高校(情報コミュニケーション科・永野直先生)だけであった。医進・サイエンスコースは、当初、英語の学術論文を読み込むためのツールとしてiPadを使い始めたが、さらに研究活動での情報共有、共同作業、スケジュール管理のためにGoogle Appsを導入して活用し始めた。その生徒たちの活用の様子を目の当たりにした私たちは、翌2012年の中学本科新入生全員(約200名)のiPad導入を決定する。当時、学年全員のiPad導入(生徒購入)というのは国内では初の大規模導入の試みであり、国内には前例と言えるものがまったくない状態での挑戦であった。

　昨今はICT活用の視察依頼が国内外から舞い込む状況になっているが、時々、広尾学園が参考にした先進事例はありますかという質問を受ける。広尾学園にとっての参考事例は二つある。一つは沖縄の特別支援学校の取り組み(山口飛先生)、もう一つはオーストラリア・コルベカトリックカレッジ(萩原伸郎先生)である。いずれもICT活用のノウハウレベルではなく、ICT活用の本質に迫るものとして常に意識してきた事例である。

　広尾学園では三つのコースともにICT活用を拡大し、2016年度段階では本科の高校3年生を除いた全校生徒がBYOD(Bring Your Own Device)体制となっている。中でも医進・サイエンスコースが2014年にiPadからChromebookへ切

り替えたことは国内の教育関係者や企業関係者でも話題となり、この転換を取材したインターネット記事は年度半期において最も読まれた記事として表彰されたと聞いている。

(2) ICT は教育活動の土台である

広尾学園がコースごとに異なる情報機器を使用していることは、全員同じものを一律に使用させる日本の教育界においてはきわめて稀なケースである。しかし、たとえ稀であったとしても、コースによって教育活動の目標やスタイルが違っている以上、それぞれのコースに合った情報機器を採用するのは当然のことである。

この図式は広尾学園におけるICT活用の考え方を示している。ICT機器の導入を進める学校の数はここのところ一気に増加する傾向にあるが、私は学校としてそれぞれのICT活用の考え方を持つことは必須であると考えている。

図3　広尾学園 ICT 活用の構造

まず、私たちはICTを教育環境の重要なベースと考えている。生徒は校内WiFiによって校内どこからでもインターネットにつながることが出来、生徒は自分の情報機器(MacBook Pro/iPad/Chromebook)をいつでも使うことができる。さまざまなアプリやサービスを使っているが、中でも柱となっているの

はGoogle Apps for EducationとMoodleである。こういったICT環境とICTサービスが、教育活動のみならず学園生活の土台となる。この土台の上でさまざまな教育活動が行われる。

ICTを中心に学校見学に来られる学校関係者は、この中の「教科活動」、しかもその中の「授業」しか眼中にないケースが多い。狭い視野で見ようとすれば、得られるものもかなり狭いものとなる。そして、将来的には行き詰まる。

私たちにとってのICTは何かの特効薬でも不思議なツールでもない。いかに教育活動全体の可能性を拡大するか、いかに教育活動全体を高度化するか。そのための校内WiFiであり、一人一台体制である。古い授業をそのままリフォームしてくれるような、都合の良いツールとは考えないほうがよいのではないかと私は思う。

特にこれからの学校教育のあり方を考える時、授業においても授業外においても、教育活動はその可能性を拡大するとともに高度化していく必要がある。一定の枠内の情報伝達も大切だが、枠外の情報や体験、そして校外との関係も含めて、学校は教育活動そのものの可能性を時代に即して広げていく段階である。

(3) 教育活動の高度化に不可欠なICT

先に挙げた図3「広尾学園ICT活用の構造」の最上段にあるのが、教育活動高度化の本校における実例である。これらはICTをベースに置くことによって実現した教育活動である。そもそもこのような教育活動が実現可能になるとは、私自身も予想していなかった。おそらくこういった活動を推進している教員たち自身も驚いているのではないかと思う。

この中でも最も早い段階で実現したDNA鑑定講座に触れておこう。これは医進・サイエンスコースの高校生たちが日頃行っている研究活動を、後輩である中学生たちにも体験させられないかということで実施したものである。参加者は中学1、2年生。教員は最初の講義以外は運営側に回り、チームごとの指導は医進・サイエンスコースの高校生が行う。ここで行われるDNA鑑定は実際に研究室レベルの機器を使用し、続いて行われるチームごとのリ

サーチワークは遺伝子に関わる英語の論文を検索して使用する。英語を本格的に学び始めたばかりの中学1年生たちである。そういった生徒たちに英語の論文という組み合わせ自体、従来の中学のみならず高校においてすら考えられなかっただろう。しかし、日常的に研究論文と格闘している高校生たちのサポートが入り、ICTがあることによって中学生たちは最後のプレゼンまでやり切ってしまうのである。

　この講座が成立する要因として、その場でICTを活用できるということも重要なのだが、その何倍も重要なことはサポートに入っている高校医進・サイエンスコースの生徒たちが研究活動を行う上で、情報共有、共同作業、スケジュール管理など含めてICT利用を前提として、最大限に活用しているという事実である。そういったICT活用の構図を理解することなしに、DNA鑑定講座を本当に理解することは難しい。

　後述するが、実際の医療現場と同じレベルで行われる病理診断講座を高校生がやり通してしまうのも、海外大学のオープンエデュケーションの動画を共同作業で翻訳して公開するのも、ICTルームの自主運営を生徒たちが考えるのも、ベースにはICTがある。

（4）　ICTと「学力」

　よく「ICTで学力アップ」的なタイトルの記事に出会うことがある。実は、広尾学園もそういう見方をされることが多い。これは、ICTが従来型の学力を伸ばしてくれる「不思議なツール」であってほしいという願いが背景にあるのだろう。確かに、広尾学園はずっと入学偏差値を伸ばし続け、大学合格実績も相当な勢いで伸び続けている。しかし、広尾学園におけるICT活用はそこに焦点を置いているわけではない。もし、直接的に大学合格実績を伸ばそうと思うなら、現行の入試制度や入試形式に合わせた従来型の学習スタイルを追求したほうが効

写真　DNA鑑定講座に臨む中1生。（写真中央　木村健太先生）

率的である。

　私たちは普段の授業や講習などにおいても、「効果的であったり、便利であれば使えば良い」というスタンスでICTの導入を進めてきた。ICT活用ということでチャレンジしてもらうことは積極的に推奨するが、無理にICTに囚われて普段の授業パフォーマンスが低下することは避けたいと考えてきた。ICTの全校環境を作り上げてはきたが、それ以前から教職員はグループウェアで情報共有をしているし、全教室の天井に設置されたプロジェクターは、日常の中で自然に活用されている。ICT手法の展示会のようなICT依存の授業にする必要はないし、そういった授業はむしろ教員間でも評価されない。本末転倒の「ICTのため」の授業は必要ないのである。

　ただ、授業にしろ教育活動にしろ、一時の流行に右往左往するわけにはいかないが、時代に取り残されるものであって良いということにはならない。ここでも基準となるのは「生徒の未来」ということになる。私は校内の会議などでも「ICTは私自身逃げ切ろうとすれば逃げ切ってもおかしくない世代。しかし、自分が逃げ切れても、生徒を道連れにするのはおかしい」と言い続けている。

　では、ICTと「学力」の関係はどう考えるべきだろうか。ICTは時代の流れの中で生成され、時代の中で進化し続けている。日本における「学力」が従来型のもののままでは時代に取り残されるという発想が、「高大接続」「大学入試改革」という動きの背景にはある。当然、教育にICTを導入して「ガラパゴス化」を避けなければならないという動きになる。そこで想定される「学力」は従来型の「学力」ではない。その認識が曖昧だと、「ICTで学力アップ」という次元に戻ってしまうのだろう。

　ICTを前提として考えられる「学力」とは、具体的に言うならば、「かつてのような国内大学合格をゴールとする「学力」」を超えていく「学力」である。

3　「学力」の定義を変える教育改革

（1）　広尾学園キャリア教育の考え方

　私たちのキャリア教育の考え方について説明する。文字通り何もないとこ

ろから、「生徒たちの未来のために何を提供すべきか」という問いに対する一つの答えとして、本校のキャリア教育は存在している。その考え方は従来の教育活動の考え方とは真逆のものであると言っても良い。その違いは、従来の「学力」とこれからの時代の「学力」の違いを考えるヒントになるかもしれない。

　表1は2014年度の1年間のキャリア教育活動一覧である。高校向けの講座と思われるかもしれないが、実はこれらの教育活動の中心となるのは中学生である。高校生に対してはキャリア教育チームが学年と連携して行うなどしており、各コースごとにかなり専門性の高い講座も頻繁に実施されている。表中の各講座は中学生全員参加の講演会/スーパーアカデミアを除いて、中学生高校生を問わず希望参加制である。特に中学1年生や2年生の参加率がきわめて高い。

表1　2014年度　広尾学園の教育プログラム

月	内容
5月	ロボットプログラミング講座
5月	「社会を変えるアイデアを生み出すためのデザイン思考」講座
5月	「ITサービスをつくって起業しよう！」（アントレプレナー講座）
6月	春の特別講演会 瀧本哲史先生『2020年の世界で必要なこと』
7月	難関大学キャンパスツアー
7月	プロジェクトABBA
9月	つくばサイエンスツアー
9月	サイエンス講座「DNA鑑定講座」
10月	スコレー天文・宇宙合宿（一泊二日）
11月	秋の特別講演会 山元賢治先生『「これからの世界」で働く君たちへ』
12月	司法裁判講座（司法講演会＋裁判傍聴）弁護士 伊藤 真先生『伊藤 真 日本国憲法を語る－広尾学園のみなさんへ－』
3月	スーパーアカデミア（国内一線級研究者23名による講座）
3月	テックキャンプ（プログラミングを学ぶ3日間　2012年～）

　中高一貫校であるため、6年間にわたってこういった教育活動に参加する機会がある。私たちがこういったプログラムを作り上げる中で考えたことが二つある。一つは「本物との出会い」ということ。もう一つは「入学後できるだけ早期の体験を」ということである。いずれの講座もそれぞれの分野の日本における一線級の研究者や先端のプログラムを設定している。高いレベルに設定した上で、学年に関係なくできるだけ早い時期に参加することを推奨している。

これまでの日本の学校では、「中1ではこの程度、高1ではこの程度が妥当」という発達段階式の教育活動の提供が一般的であった。段階を踏んで、より高度な内容に移行すべきという計画に基づいた教育活動のあり方である。これは何も考えない提供の仕方と比べれば、一歩進んだ教育活動の考え方と言って良いだろう。しかし、私たちがこの考え方に疑問を持ったのは、学年が離れていても同じでも、生徒一人一人の成長はまったく違うという事実があるからである。知的な成長の度合いも違うが、何よりも生徒の興味関心は学年に関係なく、あるいは中学高校の違いをも飛び越えて多種多様だということである。ならば、中学1年生が高校生でも難しい教育活動にチャレンジしても良いのではないか。そういう考え方でキャリア教育の活動は今でも展開されている。

　一定の枠の内容を学年ごとに一斉に積み上げていく方式は、現在の日本の教科学習のあり方として否定する気はない。もちろん今後は、その教科学習のあり方も議論されることになるのだろうが、現在の教科学習の枠組みを超えた本校のようなキャリア教育活動にまで同じ考え方を持ち込む必要はないと考えている。

　こういった教育活動に学年に関係なく早くから遭遇することは、本校の教育活動の特色と言っても良いだろう。そこでの出会いや体験は生徒それぞれの受け止め方に委ねられるが、そういう良質の出会いや体験の積み重ねは、彼らの一生涯を通じて重要な要素になっていくと私たちは考えている。

（2）教育活動の高度化における「学力」

　広尾学園における教育活動の高度化の事例として、病理診断講座、海外大学のオープンエデュケーションの翻訳活動について述べておきたい。

　病理診断講座は、日本病理学会元理事長長村義之先生や、順天堂大学医学部付属練馬病院の小倉加奈子先生ら病理医の先生方の協力を得て実現した講座である。医進・サイエンスコース教員たちの要望で、この講座は高校生向きのレベルではなく、実際に病院で使われている診断の手引書や検体などを使用し、グループごとに診断結果をまとめて医療現場と同様のカンファレンスで発表するプログラムとなった。参加者は医進・サイエンスコースで研究

活動を行っている医療系志望の高校生たち20名である。参加生徒たちは配布された検体、デジタルデータ、手引書や関係資料、情報機器を駆使してグループごとにそれぞれの病理診断をまとめ上げた。これには実際と同レベルでと要望しながらも、内心本当にできるかどうか不安だった医進・サイエン

写真　MITの動画翻訳に取り組んだ生徒と植松久恵先生（前列右）と筆者（後列右）

スコースの教員たちも驚嘆し、長村先生も総括で「資料をポンと渡されて短期間のうちに勉強してここまでやってくるとは、正直感動した」と参加生徒たちに語りかけるほどであった。

　ここで彼らが学んだものは、従来型の「学力」とはまったくかけ離れた内容である。しかし、この講座を通じて生徒たちが問われたのは、情報を収集し、それらの情報を短時間のうちにグループの共同作業で処理し、考え抜き、協議して、最善の解答案を導き出す力である。私はそこに次の時代の「学力」のあり方の実例を見ることができたと思っている。

　実はこの講座には続きがあって、カンファレンスで発表したグループから1グループが選抜され、このグループの生徒4名は順天堂大学医学部付属練馬病院で実際の手術前カンファレンスに参加し、手術室で実際の手術に立ち会う機会を得て、同時進行で行なわれている病理診断にも立ち会わせていただいている。これまでは「学校の勉強ができるから医学部へ」というような発想が一般的であったようだが、この活動に関しては「実際の医療の場を自ら体験した上で、勉強もして医学部へ」という先進事例になっていくのだろう。学校の勉強ができる「学力」と、実際の自分自身の現場体験を経て決意を固めた「学力」。ここにも従来とは違う「学力」があると私は考える。

　もう一つの事例は、インターナショナルコースの高校2年生有志生徒たちが着手した動画翻訳活動である。この動画は米国MITが公開しているK12向けのSTEM教育動画なのだが、残念ながら正規の日本語訳がなく、良質な動画でありながら日本の中高生にはハードルが高すぎる状態であった。この動

写真　Fablearn Asia 2015での生徒のプレゼン

画の翻訳活動を、アスカアカデミーというNPO法人が広尾学園のインターナショナルコースに呼びかけたのである。手を挙げたのは当時高校2年生の生徒たちで、彼らは自分たちのMacBook ProとGoogle Apps For Educationのサービスを活用して翻訳の共同作業を行い、アスカアカデミーの公開サイトで次々に日本語訳のサポート付き動画を公開していった。

　彼らの取り組みはインターナショナルコースの下級生に引き継がれ、現在でも多くの生徒たちがこの翻訳活動に取り組んでいる。さらに、この取り組みはコースを超えて医進・サイエンスコースにも広がっている。医進・サイエンスコースの高校2年生たちが米国UCアーバインの「Open Chemistry」の動画翻訳活動に取り組んでいる。

　この翻訳活動に参加している生徒たちは、もちろん翻訳ということに興味があったり、自分の英語や化学の勉強になるという考えもあって活動に取り組んでいるのだが、彼らの活動の中には「社会貢献」という意識がかなり強く働いているようである。こういった活動にも、私は次の時代の「学力」の姿を見せられているように感じている。

（3）　生徒たちが日本の教育を超えていく

　ここまで述べてきたことはすべて一つの学校で起こっていることがらである。「高大接続」「大学入試改革」ということがさかんに言われている状況の中で、実は中学高校の場においてそれらを先取りするような教育活動が次々に作られており、そういった教育活動の中における生徒たちの進化は止まらない。

　2015年夏、大阪医科大学の鈴木富雄先生と医学部学生たち、そして兵庫県の公立神崎総合病院の先生方の連携で行われた地域医療研修合宿には広尾学園高校医進・サイエンスコース1・2年生の4名が参加している。生徒たちは

医大生(6年生)たちとグループを組み、病院の先生方の講義を受け、地域医療のさまざまなテーマでディスカッションを行い、発表を繰り返す。この4名は事前にこの合宿への参加理由書を提出して選抜されたメンバーなのだが、この合宿の終盤近く、医大生主体のこの合宿に参加した動機を聞かれて一人の女子生徒はこう答えた。

「飛び込まなければ、何も得られないと思ったからです。」

これまでの中学高校では与えられた教材を学び、作成された問題に答えることで「学力」を身につけ、「学力」を計測されてきた。そういった意味での「学力」を、もちろん生徒たちは従来通り身につけるべく努力している。それは変わっていない。しかし、彼らはその「学力」だけで満足していない。その先にあるもの、その次元を超えたものにチャレンジしようとしている。

中学高校の教員の役割は、従来の固定された枠組みを変え、制約を取り払い、彼らの活動を最大化できる環境と機会を提供することだと私たちは考えている。その環境と機会が生徒たちの内側から沸き起こる意欲(衝動)を刺激し、後押しするなら、生徒たちは教員の想定をはるかに超える活動(学び・体験)を実現していく。

もう一つだけ事例を挙げよう。校内にはICTルームというガラス張りの部屋がある。現在そこには7台の3Dプリンターと大型レーザーカッターが置かれている。STEM教育のできるコミュニティスペースが出来ないかという考えで、それまで用途がはっきりしていなかった部屋をあてたのだが、その運営をどうするかということで私たち教員は行き詰まってしまった。ICTチームの教員たちはそれぞれに部活や研究活動のサポートに手一杯で、新たなこのスペースを管理監督できる余力がなかったのである。

とうとう私たちはICT委員の生徒たちに助けを求めた。間もなく、放置されていた部屋はICT委員の生徒たちの手で息を吹き返す。文化祭では、3Dプリンターをはじめとしたこの「ものづくり」の部屋に興味を持った客が大勢訪れ、ICT委員たちはオリジナルのプロモーションビデオを制作して迎えた。

驚いたのは、彼らはこのICTルームの運営に関する情報を集めるため、ファブラボやメイカーズイベントに参加して運営責任者や企業関係者との関係を築いていったことである。その成果として、彼らは企業と連携した校内イベント「モデ1GP」を自分たちで実現してしまったのである。私たち教員は呆気にとられながら、休日登校届けや教室使用届といった事務処理を担当してサポート側に回ることになった。完全なる生徒の自主企画・運営のこのイベントは40名の参加生徒を集め、彼らは見事にこのイベントを自力でやり切ってしまったのである。

　それ以外にも、このICTルームを拠点とした彼らの活動は拡大し、横浜で行われた「Fablearn Asia 2015」という国際会議の運営をサポートし、代表生徒はスタンフォード大学のFablearn第一人者をはじめとした錚々たる登壇者に続いて、自分たちの取り組みを大勢の聴衆を前に発表している。彼らは学校での日常の学習活動を積み重ねながら、部活を掛け持ちし、さらに学校外へ自分たちの活躍の場を広げている。やはりここにも、従来型の学力獲得だけに満足出来ず、その先の世界を切り拓こうとする生徒たちの姿がある。

　かつて私たちが高校生であった数十年前、「文武両道」という言葉をよく聞いた。私たちはこの言葉を「文」(=受験勉強)と「武」(=部活)の両立と理解していた。「これが出来れば君たちの将来は明るい」そんな風にこの言葉を聞いていた。私たちにとって「受験勉強」と「部活」は自分たちが将来有為な人材になるためのステップと位置付けられていたように思う。私たちの時代はそれで良かったのかもしれない。しかし、ある時、その言葉は現在でも生きていると全国の進路指導の先生たちが集まる会合で若手の教員から聞いた。多分、各校それぞれの「文武両道」の意味があるのかもしれないが、私たちの「文武両道」は明らかに高度経済成長時代のものだった。私たちも受験勉強と部活の二つで精一杯だった。今現在、私たちの目の前にいる生徒たちの活動は、それに比較すると明らかに変化している。冷静に考えてみると、「受験勉強」にも「部活」にも共通していたのは「自己利益の最大化」だったのではないかと思う。もちろん「自己利益」という要素を否定するわけにはいかないが、現在の生徒たちはそれだけで満足する生徒たちではなくなっている。私は、そこに新たに浮かび上がってくるのは「貢献」という言葉だと思う。

海外大学の動画翻訳も、どの研究者も明らかにしていないことをテーマにする研究活動も、自分が活躍するというだけでなく、誰かに対する「貢献」、同時代の人々に対する「貢献」、未来に対する「貢献」まで含めて、彼らの強い意欲の底にはこの言葉がしっかり根付いているように思えるのである。

　そのように考えるならば、「学力」という言葉もそういう要素を吸収していくべきだろうし、「教育」や「学校」という言葉自体の意味合いや役割も変わらざるをえない。今、環境と機会を得た生徒たちは、従来の学校における常識や習慣を飛び越えて進みつつある。行政的な改革の掛け声より先に、あるいは行政的な掛け声を理解しようと躍起になっている私たち教員よりも先に、彼らは自分たちの活動で次の時代のあり方を示しているようである。

　生徒たちが日本の教育を超えていく。私たち教員は、従来の教育にできるだけマイナスの少ない形で修正を加えながら、彼らの活躍をサポートする段階を迎えているのだと考える。

大学と連携したグローバル教育の取り組み

熊本県立済々黌高等学校グローバルキャリア課

I 本学の概要
はじめに
　1882(明治15)年、飯田熊太・佐々友房ら相計り、三綱領の三育主義をもって済々黌を創設。1948(昭和23)年、熊本県立済々黌高等学校と改称し、翌年男女共学となる。2012(平成24)年、創立130周年記念を迎え、2014(平成26)年に文部科学省によりSGH(スーパーグローバルハイスクール)の指定を受ける。

　東京大、京都大、九州大、熊本大などに多数合格者を輩出し、県内屈指の進学実績を誇る。一方、陸上競技部、サッカー部、野球部、水球部、吹奏楽部、放送部など多くの部活動が全国大会や九州大会で活躍している。

1 本学の教育目標
　建学の精神である三綱領
　　『正倫理　明大義(倫理を正しうし　大義を明らかにす)
　　　重廉恥　振元氣(廉恥を重んじ　元気を振るう)
　　　磨知識　進文明(知識を磨き　文明を進む)』
を根幹とし、生徒の輝く未来に向け、学長を中心とした指導体制のもと、節義を重んじ、人格や品性を高め、文武両道の気風を尊重し、一つ一つの教育活動を着実に実践し学校の活性化を目指す。

II　本学のグローバル教育の取り組み

1　SGH指定校としての具体的な取り組み

　本学では研究開発機構名を「国際的素養を備え世界をリードする済々多士教育プログラムの開発」として、国際的素養を、「①国際感覚（地球的視野をもち日本人としての深い教養を身につけていること）」「②課題設定・解決力（問題意識と論理的思考を持ちそれを解決していく能力）」「③コミュニケーション能力（情報伝達のツールとしての英語力など）」「④批判的思考と創造力（既成概念を越えた創造力をもってイノベーションにつなげる能力）」の４つの視点から定義し、21世紀型汎用能力をもった済々多士の育成を図ることを目的としている。

　本年度より、高校３年間を見通した系統的・組織的な進路指導の一環として「キャリアサポート課」「グローバルキャリア課」を進路指導部に新設し、生徒と職員の意識改革に着手した。キャリア形成のために「国際的素養・人間関係形成・社会形成能力・自己理解・自己管理能力・課題対応力・キャリアプランニング」等の能力や態度を育成するために、SG（スーパーグローバル）クラスの教育課程を編成し、SGに特化した授業を一部に取り入れた。本学がSGHの公募に応じた背景として、本学は創立当初から中国語系外国語の授業を取り入れ、明治時代から海外で活躍する人材を多数輩出しており、SGH事業が描く人材像が本学の三綱領が描くそれと一致することが挙げられる。

2　SGH推進と新たな進路指導のための組織

　SGH主課（グローバルキャリア課）を進路指導部内に位置づけ、SGHプロジェクトの推進を図るとともに、海外大学進学、海外留学、未来型入試（推薦、AO入試等における多面的評価）、外部検定試験（英検、GTEC、IELTS、TOEFL等）等に対応する。このことにより、従来型の進路指導に加え、大学教育改革や大学入試改革をにらんだいわば未来型の進路指導にバランス良く対応し、SGH指定完了後も進路部組織内に蓄積したノウハウ等の教育資産を有効に活用することができる。

図1　進路指導部体制

3　SGHプロジェクト
(1)　SG Research Project

プロジェクトの柱となる課題研究のテーマは「環境」に設定している。Global地球課題として「地球温暖化・核廃棄物処理・生物多様性の喪失など」が挙げられる一方で、Local地域課題として「水俣病・越境大気汚染・有明海再生など」が挙げられる。特に熊本市は、阿蘇からの伏流水として豊富な地下水を飲料水として活用している稀有な政令指定都市である。本学ではこのGlobal地球課題とLocal地域課題をスパイラルに学習し、地球の開発発展と環境保全の在り方を模索しながら世界をリードするグローバルリーダー（済々多士）を育てるカリキュラムを確立している。

図2

(2)　SG Communication Project

1年次のDiscussion Debate Presentation講座では外国語で議論しながら、外国語で意見や成果を発表できる力を養成するためにディス

カッションやディベートなどの講座を開いている。2、3年次のCS（キャリアサポート）講座では、外国語での実践的なコミュニケーション演習および外国人に発信するための日本の伝統文化歴史等の教養を醸成するため、学外の関係機関と連携をとって研鑽を積んだり、ドイツ研修で環境先進国としての取り組みを体感するなど机上の学習だけでなく実地研修も行っている。

　以上のプロジェクトを通して生徒たちが学校全体を活性化させ、さらに保護者や同窓生からの視野拡大と国際感覚を得ることで、済々黌が世界から求められる済々多士を多く輩出することを可能にしたい。

4　高大接続の学習プログラム

　本学では、国や地域の将来を担うグローバル人材を育成し、送り出すことが使命であり、それが本学に期待されることである。それを踏まえて本学では教育プログラムの定期的な評価や改善を実施し、教育内容の充実に努めている。学校外の教育資源である地域や社会、特に大学と連携し、より効果的な指導を図っている。

　総合的学習の時間やSGH事業との連携を通して、1年次における自己の将来像と職業観の育成から2年次の大学研究へと、生徒のレディネスに応じた継続した進路学習を行っている。また進路意識啓発のための各種イベントとして「進路講演会」「職業別講演会」「大学生による学部学科説明会」「大学出張講座」「難関大学対策講座」なども取り入れ、意識改革に努めている。

　また、SGHプログラムを推進させ、国内大学や海外大学への進学や留学をサポートするためにキャリアサポート課とグローバルキャリア課と連携をとって、効率的かつ円滑に生徒をバックアップしていきたい。

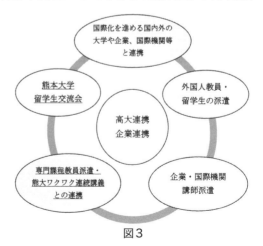

図3

5　変化しつつある大学入試に求められる力

　社会・企業がグローバル化する中、大学にもグローバル化の波が押し寄せている。いわゆる「スーパーグローバル大学」が文部科学省より指定を受けたことである。東京大学・京都大学で平成28年度から始まった推薦入試や、九州大学法学部のGV（グローバル・ヴァンテージ）プログラム入試などは大学入試のグローバル化の流れに沿ったものといえ、今後このような大学入試は増加すると思われる。

　単なる知識にとどまらず、主体的に思考し自分の意見を持ち、それを論理性を持って自分の言葉で表現する力、言い方を変えればそれはその個人の「総合知」と言えるものである。以下は、「総合知」を得るための年間行事である。

表1　「総合知」を得るための年間行事

日（曜日）	活動項目	活動内容	対象
4/10（金）	SG汎用能力テスト	・汎用能力を測定するテストを実施	1学年生徒
6/2（火）	水俣フィールドトリップ	・全国屈指の環境先進都市で環境問題への取り組みを学ぶ	1学年 SGクラス
7/1（水）～3（金）	APU連携ワークショップ	・立命館アジア太平洋大学（APU）と連携した研修を実施	1学年 SGクラス
7/10（金）	アフリカの子どもの日 in Kumamoto	・ユニセフ主催の水俣病研修に参加	1学年 希望者
7/31（金）	崇城大学連携英語特別講座	・崇城大学のシルクにて英語運用力向上プログラムを実施	1・2学年 SGクラス
9/3（木）～17（木）	熊大講師によるドイツ語講座	・熊大から講師を呼び、簡単なドイツ語講座を行い（2回）ドイツ視察に向けて準備をする	2年SGクラス
9/24（木）	第1回運営指導委員会（県管轄）	・運営指導委員を招き授業参観及び指導助言をもらう	関係職員 ※SG関係授業参観 ※本校で実施
10/7（水）	SGディベート特別講座	・世界的ディベーターが来校し、生徒と対戦・交流	1・2年生 希望者
10/14（水）	職員SG研修「研究論文について」山口剛史氏（岡山大学）林創氏（神戸大学）	・外部から研究論文の書き方（指導の仕方）についての講義を聞く・生徒論文指導にいかす	全職員 ※中間考査中に実施
10/24（土）	第1回水の国高校生フォーラム	・「水と環境（仮）」という内容で発表（1年生/10分以内）	SGクラス（1年）＋希望者 ※県立劇場

10/25(日)~31(土)	ドイツ現地環境スタディ	・環境先進国ドイツで、大学訪問、環境関連施設の視察、姉妹校との交流などを行う。 ・事前の準備や事後の振り返り等を通して、自国の文化や歴史について見つめなおし、英語発信力を向上させる。 ・環境学習から得た知識や情を利用し、それぞれの課題研究の更なる深化をはかる。	2年SGクラス(希望者33名) ※ハイデルベルク、フライブルク中心
11/2(月)	SG講演会 「世界の中の日本の姿」 講師：斉藤惇氏	・斉藤氏からの講話を聞き、グローバルな視座から考察する大切さを感じ取る	1・2年全生徒 ※本校体育館
11/24(火)	職員SG研修 「海外進学について」 講師(ベネッセ)	・ベネッセより海外進学についての話を聞き生徒への指導に活かす	全職員
12/18(金)	研究報告会	・今年度の取り組みの状況を発表する	1・2年全生徒及び希望保護者、外部招待者、関係職員
	指導助言委員会	・研究報告会を経て、委員の方々から指導助言をもらう	※県立劇場
2月~3月	崇城大講師による英語講座	・崇城大講師を招いて英語特別講座を行う	1・2年SGクラス ※本校で実施
2月~3月	第2回運営指導委員会 (県管轄)	・運営指導委員を招き授業参観及び指導助言をもらう	関係職員 ※本校で実施

III 本学のグローバル教育の活動例

1 『済々エコ若ラボ』テーマ別講演会　概要

● 日時：平成26年11月4日(火)6、7限目
● 参加者：本校一学年および職員
● 講演者：次項表中参照(敬称略)
● 大学連携：本校SGH課題研究テーマである「環境」を軸とした様々なワークショップ講義を、以下の様々な大学・NPO法人・企業と連携して実施した。生徒達はこの中から興味のある物を2つ選択して講義を聴いた。※連携大学:熊本大学・熊本県立大学・熊本学園大学・九州大学

1	宮北　隆志 (熊本学園大学社会福祉学部) 『水俣病の現在と水俣学』 水俣学研究の取り組み ・「失敗の教訓」を将来に活かす学問としての水俣学。 ・一人ひとりの生き方と、現在の社会・経済システムのあり方を問い直す学問である。 ・自分たちが自然界の一部であるという意識を持って自然界と向き合うことが大切である。
2	藤本　延啓 (熊本学園大学) 『暮らしと廃棄物』 ・モノの一生 　石油→生産→消費→廃棄→処理→埋め立て 　ごみ問題の多くは私たちの暮らしから見えていない。だから「分別」「出し方」が大切。いかに減らすか、いかに暮らすか。
3	園田　敬子／藤本　紀子 (環境ネットワークくまもと事務局) 『持続可能な地域社会の実現に向けたNPOの取り組み』 ・NPO法人環境ネットワークくまもとの紹介 　非営利での社会貢献活動や慈善活動する市民団体 ・NPO法人環境ネットワークくまもとの活動 　アースウィークくまもと2013　等
4	井上　智 (環境ネットワークくまもと理事／東京エレクトロン九州) 『熊本の地下水』 ・熊本市とその周辺の97万人の飲料水は100％地下水 (世界に例がない) しかし！水量が10年で20％減。このままだと水が枯渇する恐れがある →①地域・環境の循環を意識した生活 　②商品を選ぶときにエコを始める 　③身近なところから行動を始めよう!!
5	澤　克彦 (九州環境パートナーシップオフィス) 『ワールドカフェでエコを考えよう！』 ワークショップ＝ブレーンストーミング ①結論を出さない　②質より量　③短く書く ・思いつき、ひらめきで意見を出し合うことが良いアイディアに繋がる。ワークショップの場数を踏み、どんなテーマであれ正しく広くコミュニケーションを取っていこう!!
6	外川　健一 (熊本大学法学部) 『環境問題と世界史』 ・古代の文明が滅びた原因には環境問題があったという見方がある。 ・現在の日本は人類史上でも類を見ないくらい良い暮らしをしている。これを維持するために、歴史から学ぶこと、同じ過ちを繰り返さないよう市民レベルで常に環境を意識していくことではないだろうか。
7	堤　裕昭 (熊本県立大学環境共生学部海洋生態学) 『マイクロバブルが変える水環境』 ・マイクロバブルという技術は産業 (養殖) や、それに伴う環境問題の両者に非常に有効である。 ・良い技術、アイディアは様々な問題を解決でき、高い技術をもつ日本に英語が加われば、世界と共に様々な技術を生み出し、問題解決できるようになる。

大学と連携したグローバル教育の取り組み　77

8	内山　隆(NPO法人九州バイオマスフォーラム) 『東京から阿蘇へ脱競争　阿蘇からはじめる循環型文明』 ・バイオマスとは「身近で資源にやさしい暮らし」、生き物が基本である。バイオマスエネルギーを使って自分たちの生活をまかなう。 ・資源があるうちに燃料を灯油から移行していかなければならない。目先のことではなく100年200年先を考えることが大切だ。
9	濱田　孝正(NPO法人美里NPOホールディングス) 『地域の循環、楽しみ・歩きながら地域を知り、発信する「フットパス」に取り組む』 ・急激な人口減少、農地の荒廃などを食い止めるため、交流人口を増やし、現状と地域のよさを知ってもらいたい→今ある石橋、棚田(農村景観)を活かした取り組み。 ・歩けば見えてくる景観 ・地域の人が生業の中で維持してきた景観 →これらの景観『フットパス』 →歩く文化を創造し、地域を元気に‼
10	張　代洲(熊本県立大学環境共生学部大気環境学) 『PM2.5は何―黄砂、微粒子、微生物―』 ・PM2.5とは? 　空気中にあるスス粒子、硫酸アンモニア、バクテリアなどの2.5マイクロメートル以下の細かな浮遊粒子のこと。国内だけでなく中国でも大気中の物質の観測中である。
11	石橋　康弘(熊本県立大学環境共生学部資源循環化学) 『バイオマス利活用技術』 ・持続可能な社会に向けた取り組み ・バイオマス利活用技術 ・ライフサイクルアセスメント ・メタン発酵プロセス
12	松永　信博(九州大学工学部エネルギー科学科環境流体システム学) 『沿岸海域環境の保全―有明海の環境異変を対象として―』 ・科学する＝問題に対して、仮説を立て、実験と観察によって結論を出す。失敗の場合はもう一度仮説を立て直す。 ＊適切な仮説を立てることが正解への近道となる‼

2　『高校生のためのリサーチリテラシー入門』概要

●日　　時：平成26年12月13日(土)14:00～15:30
●参加者：SGコース生徒(46名)および職員
●目　　的：Research Projectの大きな柱となる研究論文作成の基本的情報を提供する。
●講　　師：山口剛史先生(岡山大学)、林創先生(神戸大学)
●大学連携：課題研究論文の書き方について、「大学生のためのリサーチリテラシー入門」の著者であるお二人の講師を大学からお招きし、生徒へ講義いただいた。

14:00 ~ 14:45	林先生より ●研究（リサーチ）とは何か？ 　研究とは「物事について深く考えたり、調べたりして真理を明らかにすることである。物事の「問題」を発見し、その問題を論理的に解決すること。 ●社会で求められる力 　「問題」を発見し、解決策を提示しなければならない＝研究と同じである!! 　しかし、社会では「報告書」を作り提出しなければならない。 　→そのための「書く力」が必要だ。 　　→『8つの力（リサーチリテラシー）』が必要 　　　1) 聞く力　　2) 課題発見力　3) 情報収集力　　4) 情報整理力 　　　5) 読む力　　6) 書く力　　　7) データ分析力 　　　8) プレゼンテーション力 ●今回の話の柱はその「8つの力」のうちの《書く力》と《データ分析力》 1) 書く力 ・『学術的文章』とは？ 　ある学問分野における問題について理由を示しながら、論述的に主張している文章のことである ・『学術的文章の構成要素』 　何らかの「問題」を提起している 　「問題」に対して「理由」を示しながら論述的に「解答（結論）」をしている 　「理由」を裏づけるために「証拠」を提示（文献やデータなどの資料を引用）している ・『不十分な学術的文章』 　書き手の個人的問題。「問題提起」がなく「解答（結論）」もない
14:45 ~ 15:30	2) データ分析力 ・『Research Literacy』とは何か？ 　→事実や数字を正しく読むための能力＝データ分析力 ・『データ分析力』とは？ 　統計的方法は研究を遂行する上で重要な役割を果たす説得力のある証拠、適切なデータを収集し、適切な方法で分析し、分析結果を正しく読み取る 　そのために→『統計学の知識が必要』となる

【生徒感想】

・今回、私がこの講演会で一番印象に残っていることは、学術的文章についてです。学術的文章についての悪い例を最初に見せられたとき、何が悪いのかまったく分かりませんでした。しかし、どこがどう悪いのかを説明されたとき、納得しました。そして自分が今まで小・中学生のときに書いていた文章のままでは、レポートなどはまとめられないのだと思いました。(~中略~) 様々な視点から物事を見定め、結論を導き出していくことは、レポートを書くことだけではなく、これからの日常生活で決断をしなければならない場合にも大切になっていくことではないかとも思いました。(S.T.)

・今回の講演会を聞いて、新しくさまざまなことを学びました。本を事前に読んでいたので、講演会でお話ししていただいたことも、とても頭に入ってきました。私が特に興味を持ったのは、「自分の興味のあることを、他

人の興味が持つことに変える」ということです。論文を書く、ということは自分の考えを周囲に伝える、発信することだと思います。しかし、それらは自分からの視点のみで書いてしまってはいけない、ということを改めて感じました。「自分にとってどうなのか」ではなく、「どのような人にとって、どんな影響がでるのか」など様々な視点から物事を見て判断する必要があるのだと思いました。そのためにも一つのことを考えるときに、さまざまな視点から物事をみることを日ごろから意識しなければならないと思いました。(M.F.)

・私は今回の講演を聴き、研究とはどのようなもので、何を意識しながら進めていくべきものなのかということを学びました。その中で最も印象に残っていることは「クリティカルシンキング」という言葉です。研究を始めるにあたってまずは物事の問題を発見する必要があります。そのためには物事を鵜呑みにせず、じっくりと批判的に考えなければなりません。私は情報が正しいかどうか、筋が通っているかを考えずに何でも信じ込んでしまう傾向があります。これはただ物事を受け身で捉えているだけで、自分からそれに積極的に関わろうとしていないことを意味していると思います。偏見を持たずに物事を見て、だからと言って鵜呑みにすることなく、正しい目で物事の本質を見極められるようになりたいです。(〜後略〜)(C.I.)

3 『水俣フィールドトリップ』概要

- ●日　　時：平成27年6月2日(火) 本校発、水俣へ
- ●参加者：1年生SGコース85名
- ●引率者：本校教諭(重信、岩木)
- ●目　　的：(1) 熊本県の環境課題である水俣病の歴史を持ち、全国屈指の環境先進都市である水俣で、環境問題への取り組みを学ぶ
  (2) 町づくりについて諸講師との意見交換を行うことにより、今後の課題研究への意識を高める
- ●大学連携：(1) 事前講義：講師　熊本学園大学教授　宮北隆志氏
  (2) 当日随行：熊本学園大学教授　宮北隆志氏、熊本学園大学教授　中地重晴氏

※バス2台に便乗していただき、車内や現地での講義・解説をしていただいた

11:00~　水俣資料館他
車内では、水俣病や車窓から見える地域に関する話を聞いた。水俣到着後はまず、水俣資料館を見学し、その後、親水護岸や患者が多く発生した地域である坪段・茂道を見学した。

13:00~　田中商店
昼食後、空き缶、空き瓶のリユース事業に取り組む田中商店を見学した。

14:30~　もやい館にて講演
田端 和雄様(JA)、杉本 肇様(語り部)より、食の安全への取り組み、当時の水俣病を取り巻く状況等に関する講話を聞いた。

【生徒感想】(抜粋・概ね原文のまま)
　実際に見てきた水俣の海はきれいで、汚染があったことが嘘のようだった。自然豊かで穏やかなこの場所で水俣病が発生したことはこれからも忘れてはいけないし、伝えていくべきだと思う。水俣の人々は一人ひとりが環境のことを考え、自分でできることから一歩ずつ未来のためへと動いているということを私は自分の目と耳で感じた。
　水俣病の現実は信じられないほど残酷であり、特に差別がつらかったのだと聞いた。なぜ差別をするのだろうと思ったが、実際に自分が正しい知識のないまま当時の水俣にいたら同じ対応をとってしまうのだろう。正しい知識を知ることがどれだけ大切か、自分なりにこれから様々な場面で多くの人に

伝えていきたい。

　そして、自分のため、地球のため、大切な人たちのために環境についてよく考え直し、身の回りの小さいことから変えていこうと思った。「人様は変えられんから、自分が変わるしかない。」という講師の杉本さんの言葉を忘れず、大切にしていこうと思った。

4　『APU連携ワークショップ』概要

　●日　　時：平成27年7月1日（水）～3日（金）
　●参加者：1年SGコース生徒（84名）および職員（仲山、重信、岩木、鶴濱）
　●訪問先：立命館アジア太平洋大学（APU）
　●目　　的：APUと連携し、海外からの留学生（国際学生）と環境に関してのディスカッションや意見交換を行い、今後の課題研究への意識を高める。各グループ毎に英語プレゼンテーションの準備及び基本的練習を行い、年末に行われる中間報告会に向けての下地を作る。
　●大学連携：(1) 大学アドミッション・オフィスと連絡を取り合い、こちらの研修の目的への要望と大学側の準備（施設や国際学生の手配など）との調整をした。
　　　　　　 (2) 下記の研修内容のプログラムを、大学側の協力のもとに実施した。
　　　　　　 (3) 最終日に、生徒プレゼンテーションに関する国際学生からのフィードバックシートをもらい、研修後はメールで大学担当者と研修の振り返りを行った。

7月1日(水)
1 開校式 (13:10~13:30)
<APUの学生からの概要説明>
・多国籍な学習環境
・異文化に対する寛容さが育まれる
<APUアドミッション・オフィス:下乃門様から>
・グローバル化とは?→実は日常のいろんな場面に垣間見られる
・コミュニケーションの際に大事な4つのポイント
Smile, Greeting, Eye Contact, Personal Appearance
・効果的なプレゼンをするコツ→ゆっくり、身振り手振りを交えて

2 キャンパスツアー (13:30~14:00)
・APU学生の方によるアイスブレーキングの後、大学施設案内

3 研修Ⅰ:国内学生からのプレゼンテーション
 (15:00~16:00)
・「海外留学プログラム」を経験した2人の国内学生からのプレゼンテーション。これまでの活動経歴や心構え、今後の計画や英語の学習アドバイス、エコツーリズムについてなどの話があった。

4 研修Ⅱ:英語課題(環境に関する読み物)
・環境に関する英文を読む

5 研修Ⅲ (20:30~22:00)
・翌日の国際学生へのインタビューに向けて、各グループ毎にテーマに沿った質問の英訳作業やグループディスカッションを行った。生徒達は、英訳作業に苦しみながらも、互いに役割を分担し協力して作業する様子が見られた。

7月2日(木)
1 研修Ⅳ:インタビューの英訳作業 (6:50~)

2 研修Ⅴ:国際学生とのディスカッション①+フリーインタビュー準備 (9:30~10:30)
・各グループに国際学生がつき、各グループ毎に研究テーマについて話し合いを英語で進めた。フリーインタビューの準備も行った。

3 研修Ⅵ:国際学生へのフリーインタビュー (12:30~14:10)
・各グループ毎にキャンパス内を自由に動き回り、国際学生達へ環境に関する質問を英語で行った。

4 研修Ⅶ:国際学生によるプレゼンテーション (14:15~15:00)
・2人の国際学生から、プレゼンテーションをみせていただいた。

5 研修Ⅷ:国際学生とのディスカッション② (15:15~17:15)
・フリーインタビューの結果を参考に、グループ毎に国際学生の方々と各テーマについて更に話し合いを深めた。

6 国際留学生達とのビュッフェ・パーティー
 (18:00~19:00)

7 研修Ⅸ (20:00~22:00)
・ポスタープレゼンテーションに向けてのポスター作りを行った。

7月3日（金）
1　プレゼンテーション準備（9:30~10:00）
・各グループごとにポスターの仕上げやプレゼンテーションに向けての準備を進めた。

2　研修Ⅹ：プレゼンテーション（10:00~11:30）
・全16グループが2部屋に分かれ、それぞれ持ち時間10分（発表8分＋質疑2分）の中で、研究テーマ・着眼点・着眼の理由・今後の展開についてポスタープレゼンテーションを英語で行った。国際学生がジャッジを担当し、1位のチームには景品が送られた。生徒同士の質疑が活発になされ、できるだけ英語を使おうとする姿勢が見られた。

3　閉校式（11:30~11:45）

【生徒感想】
・今回の研修で新しい情報や今度の研究?方針も決まり、とても有意義であったと感じています。次は外来種の海外での被害などにつながっていきます。また、倫理的な考え方も芽生えたので、そういうふうに考えていくことを日常的にするとともに、倫理的でないものは口に出さないにせよ、自分の脳内で書きかえ、受け入れていこうとも思いました。又、大学生というもう成人して大人になっている立ち場にたっても、まだ学び自らを高めていこうという人が多く同等な立場に立って考えてくれたAPUのあの韓国人のような大人になりたい、と思うとともに、こういう大人がもっと増えてほしいなあ…とも思いました。今回の研修では、上のようなさまざまな事を学ぶことができました。（10組男子）

・今回の体験を通して僕は積極的に物事に取り組むという姿勢は大事だと思いました。何かを相手からされるのを待つのではなく、自分から取り組めば、自分の意見を主張することができるし、それで相手の意見を聞くことができればもっと自分の考えを深めることができると思ったからです。特にグループではそのような姿勢はより大切になるのだと思いました。これから僕の班は今回APUの学生をインタビューして得た情報を使って考えを深めていくつもりです。なので今回、学んだことを生かして積極的に取り組んでいき、もっと英語を使って話していきたいです。今回のAPU研修はいろいろな事が学べて、大きな達成感も得ることができ、とても充実

した3日間になりました。（10組男子）
- 私がこの研修を通して学んだことは「すべてのことに積極的に取り組む」「準備を計画的にする」「英語を日常から使い、語彙力を増やすことが大切である」ということです。私は特に語彙力をきたえることが必要だと思いました。これらのことを今後につなげていくために、まずは英語の勉強をもっと熱心にしたいです。これは必要不可欠なことだと思います。また外国の方に話しかける勇気をもたなければいけないと感じたので、何事も億劫にならず、自信をもって生活したいです。そして、私たちに一番、必要なのは自分の意思、意見をはっきりと持つことだと思います。なので、世界でも通用する誰にも負けないような強い意志を持つため、日頃の勉強を頑張りたいです。（10組女子）
- 今回の研修を通して身にしみて分かったことは、英語は使わないと使えるようにならないということです。3日間、英語をたくさん話せる環境に置いてもらえて、英語を話す・伝えるスキルは確実に上がったと思います。どうやって言葉を相手に伝えるか、自分の少ない"語彙力"で相手に気持ちや考えを伝えるためには、日本語においておきかえる、すなわち、国語力も必要であると感じました。これからは英語の基礎的な習熟はもちろんですが、国語の力を伸ばすことも大切にしていきたいです。（10組女子）
- 僕がAPUでよく言われた言葉の1つが「Don't be shy」です。まさにその通りだと思います。恥ずかしがっていたり、ためらいはもったいないことだと思えるようになりました。これからも「Don't be shy」を大切にしたいです。また、研究の面では、学生から得た情報、調査したことなどを使って、どのようにしたら大気汚染を止められるかなど結論が出てくるようにしたいです。この研修で得たものはとても多く感じられます。しかし、それを無駄にしないためにもこれからの生活などで活かしていきたいです。（9組男子）
- 私はこれからの環境問題の研究では、しっかりと先を見通し、今、何をすべきなのかを考え、計画を立てて進めていきたいと思います。APU研修でグループごとの発表をすることになって、まだまだ自分は森林問題について知らないことが多いと感じたのでこれからもっと調べていきたいです。

また、これからの自分の将来（本当にやりたい事は何なのかなど）についても先のこととしてとらえるのではなく、今のうちから真剣に考えていきたいと思います。英語も受験のための英語ではなくコミュニケーションをとって考えを深めるためのものとして勉強して、もっと自分を高めたいと思いました。(9組女子)

・今回の研修は、SGの研究だけではなく私自身の成長にも繋がったと思う。様々な視野や意見を持つ人と知り合い、情報を得て、自分たちの意見を発信した。このような経験は、きっとこれからの私の大きな糧となるだろう。経験を経験で終わらせず、いかにこの経験を生かしていけるかが必要なのではないか。そのために、今後もしっかりと自分に必要なことを学び、感じ、新たな自分を見つけられるよう努力していく。まずは、12月の研究発表まで、自分たちの研究に没頭し、よい研究へと繋げていきたい。(9組女子)

・この3日間で体験することのできたことは絶対に私の中で大きな糧となったと考えます。このことを次は普段のSG以外の活動や将来へとつなげ役に立つことができるよう、けっして忘れないようにしたいです。初めて味わった空間は私にとって知らない世界であり自分の中の世界の小ささを改めて感じることができました。今後に続けていく研究やコミュニケーションの中で3日間から学んだ、伝えようと失敗を恐れずに立ち向かうということを一番に常に意識しようと思いました。研究をして英語でのプレゼンテーションは初めてだったので不十分なところや、班の協力のおかげもあったので、次からは、どうすれば興味をよりもってくれるか、理解しやすいかを求め、今後の活動を良いものとできるようにしっかり考えて活動したいです。(9組女子)

5　『SG Communication Project 即興型英語ディベート大会』概要
●講　師：大阪府立大学　助教　中川智皓　先生
●指導者：本校職員（森田）・中川先生、社会人4名（(株)ヒューマン・ブレーン所属英語ディベートコーディネーター）
●日　時：平成27年7月16日（木）本校会議室

- ●参加者：2年生SGクラス　生徒39名（男子13名／女子26名）
- ●場　　所：本校4F会議室
- ●大学連携：即興型英語ディベートの第一人者である大阪府立大学の中川先生と連携し、昨年度から継続的に即興型英語ディベートの練習を行っている。論題は、生徒の実情や授業の目的等を考慮し、中川先生と話し合いながら選定する。易しい身近なものから始め、徐々に難易度を高め、本校課題研究テーマである「環境」に関するものへとシフトする。

※2年生は1学期でディベート授業が終了するため、その総まとめとしてディベート大会を開催した。

※中川先生プロフィール：東京大学英語ディベート部を設立　大学生英語ディベート世界大会 ESL 準決勝進出（日本最高記録）東京大学総長賞受賞　文部科学省助成事業による即興型英語ディベートを主宰　灘、開成、筑波大学付属駒場等にてセミナーを開催

13:00~【挨拶】中川先生、講師の方々の自己紹介。決勝進出チームの発表の仕方、決勝戦のvoteの仕方の説明。
13:45~【論題発表・準備】
14:00~【予選ラウンド開始】生徒39名が10チームに分かれてディベートを実践
　　　　肯定チーム(4名)/否定チーム(4名)ジャッジ(1名)
　　　　論題：We should ban private ownership of cars.（自動車の個人所有を禁止すべきである）
<休憩>
14:30~【ジャッジスコアの集計】
14:30~【ブレイクアナウンスメント】　決勝進出の2チームと決勝戦論題の発表
　　　　論題：All countries should cut CO2 emissions equally.
　　　　（全ての国は等しく二酸化炭素排出を減らすべきだ）
14:35~【準備】決勝進出チーム（準備時間15分）
　　　　決勝進出チーム以外（予選のジャッジコメント作成）
14:50~【決勝戦ラウンド開始】
　　　　AREA【Assertion（主張）、Reason（理由）、Example（例）】、Assertion（主張）を意識し、どのようにジャッジを納得させることができるかに集中した試合が行われた。
15:10~【スコア集計】　オーディエンスvote集計
15:15~【結果発表と表彰式】優勝はOppositionチーム。準優勝チーム、ベストディベーター賞(5人)、ベストPOI賞(5人)が中川先生より発表された。
【生徒代表謝辞】
初心者の自分たちに大変、丁寧にご指導いただき感謝しております。とても楽しい授業でした。この1年で学んだことを、今後のSGでの学習や学校生活に生かしていきたい。

【中川先生より】
多様なExampleを使い、しっかりとしたディベートの分析ができるようになっている。授業は終了するが、ぜひ英語で話す訓練を日々、続けて欲しい。常に話す環境に身をおくことで、さらに成長することができる。ディベートは2人集まればできるので、身近なところにある論題をみつけて賛成、反対の意見を考える習慣を身につけて欲しい。相手の立場になって考えると、どう主張すればよいかが分かるようになる。そのことを普段から心がけて欲しい。

6 『崇城大学連携特別英語講座』概要

- 日　　時：平成27年7月31日（金）8:45~14:35
- 参加者：1・2年SGコース生徒(112名) および職員(森田、鶴濱、岩木)
- 訪問先：崇城大学(SILC)
- 目　　的：崇城大学の施設・設備を用いて、自らの英語学習法について再検討し、様々な学習教材や方法に関する情報を得、実際に英語講師とのディスカッションを体験することによって、SGコース生徒の英語運用能力を高める一助とする。
- 大学連携：(1) 大学側と数回の打ち合わせを行い、学校側からの要望と大学側の準備(講師の手配や施設利用の手続きなど)との調整を行った。

(2) 当日大学側の施設を使用し、大学の講師による6つのワークショップをすべて体験できるよう、生徒を6つのグループに分け実施した。

【研修内容】

グループ	A	B	C	D	E	F
8:45～9:30	Culture Discussion A 日と豪州の比較	Culture Discussion B 講師とのディスカッション	Independent learning 英語学習法	SALC Activities コミュニケーション活動	Web-based applications for learning English ICTを用いた英語学習	Reading Discussion 英文を用いた学習
9:35～10:20	Culture Discussion B 講師とのディスカッション	Culture Discussion A 日と豪州の比較	SALC Activities コミュニケーション活動	Independent learning 英語学習法	Reading Discussion 英文を用いた学習	Web-based applications for learning English ICTを用いた英語学習
10:30～11:15	Web-based applications for learning English ICTを用いた英語学習	Reading Discussion 英文を用いた学習	Culture Discussion A 日と豪州の比較	Culture Discussion C 人種・国籍・文化	Independent learning 英語学習法	SALC Activities コミュニケーション活動
11:20～12:05	Reading Discussion 英文を用いた学習	Web-based applications for learning English ICTを用いた英語学習	Culture Discussion C 人種・国籍・文化	Culture Discussion A 日と豪州の比較	SALC Activities コミュニケーション活動	Independent learning 英語学習法
12:05～13:00	昼食					
13:00～13:45	Independent learning 英語学習法	SALC Activities コミュニケーション活動	Web-based applications for learning English ICTを用いた英語学習	Reading Discussion 英文を用いた学習	Culture Discussion C 人種・国籍・文化	Culture Discussion B 講師とのディスカッション
13:50～14:35	SALC Activities コミュニケーション活動	Independent learning 英語学習法	Reading Discussion 英文を用いた学習	Web-based applications for learning English ICTを用いた英語学習	Culture Discussion B 講師とのディスカッション	Culture Discussion C 人種・国籍・文化

【生徒感想】
・英語を使った活動をすることで、学校生活では経験できないような貴重な体験をすることができてよかったです。また、今まで常識だと思っていたことが違ったりしたことにも驚きました。実際にコミュニケーションを取るときに使う英語が片言であっても、とにかく単語をどんどん言っていけば通じることも分かり、学校のテストも大事だけれども、そこだけにとらわれていてはいけないと思ったので、これからは両立していけるように頑張りたいです。(2年男子)
・今日の講座で、英語を使って意見を交わすことの難しさや楽しさを再認識することができた。また、なぜ英語を学ばなければならないのか、どのように役立つかということを考え直すことで、より英語を学ぶことへの意欲が高まるということを知った。Culture Discussion Bの中で、「日本人を日本人たらしめるものは何か」という問いがあったが、深く考えれば考えるほど謎になっていく面白い質問であった。英語を学ぶとともに、日本人として日本の文化や伝統も学ばなければならないと思った。(2年女子)
・英語を学ぶ目的は何かと今日の講座の中で問われ、自分の中で考え直してみたところ、少しではあるが、未来の自分がどうありたいかという目標ができ、英語をもっと熱心に勉強しようと思った。いろいろと英語の学習について外国人の方々からアドバイスも受けられたので、これからの学習に取り入れていき、学んだことを生かしていこうと思った。(1年男子)
・英語しか話してはいけないという状況が新鮮でとても楽しかったです。日本語で話しているときよりもテンションが上がり、自分の思いをさらけだせるような気がしました。先生方はとても気さくで、自由な雰囲気の授業がとても良かったです。私は英語に自信がなかったのですが、話してみると楽しく、英語を話すのが好きになりました。(1年女子)

IV 本学キャリアサポート課で行った高大連携の取り組み

　グローバルキャリア課での取り組み以外でも、キャリアサポート課によって以前から高大連携の取り組みは行ってきた。本校のキャリア教育では、1

年次に自己の将来像と職業観の育成、2年次に大学・学部研究と大まかに分けて取り組んでいる。そのため高大連携の取り組みは主に2年次に企画している。今年度実施したなかの3つを紹介する。

1　平成27年度・大学生による大学・学部学科説明会
(1) 目的
　　教育実習生をはじめとする現役大学生から、在籍する学部・学科での学習・研究内容や資格取得、就職に関する具体的な話を聞くことによって、進路決定の一助とすると共に、夏休みを中心に実施されるオープンキャンパスでより充実した体験ができるようにする。
(2) 期日　平成27年6月2日(火)7限目
(3) 講座　学部学科毎に15講座にて実施する。

2　京都大学高大連携事業「学びコーディネーターによる出前授業」要項
(1) 目的
　　熊本からは遠隔地にある京都大学の講義を目の当たりにすることによって、生徒の第一志望がより具体化、明確化するよう導き、京都大学へのこだわりを持たせるため。
(2) 日時・場所
　　平成27年8月24日(月)
　　　13:00～14:00　　文系：黌士館龍山　理系：黌士館碧落
　　　14:05～14:35　　大学説明及び進路相談会：黌士館碧落
(3) 対象
　　本校2年生の希望者(文系25名、理系各27名)及び担当職員(2名)
(4) 講師
　　　　文系:京都大学大学院経済学研究科経済学専攻博士後期課程2回生
　　　　理系:京都大学大学院工学研究科都市環境工学専攻博士後期課程2回生
　　　　大学説明・進路相談：京都大学入試企画課長

(5) 内容

　文系は、経済学研究科博士課程の大学院生による「私たちの生活と森林の関係について考える」と題した講義を実施した。生活と森林が密接に関わっている一方で、森林の荒廃が課題となっており、現代社会における人間と森林の関係や、環境経済学の視点による生態系サービスのありかたを学んだ。

　理系は、工学研究科博士課程の大学院生による「微生物と環境問題」と題した講義を実施した。現代人類が抱えるさまざまな環境問題に対して微生物の関与という新たな視点から考察した。

3　第2学年「済々未来講座」（模擬授業）

(1) 目的

　「済々未来講座（総合的な学習の時間）」の一環として、大学の先生方による模擬授業及び、学部・学科紹介等の講演を行い、学部・学科研究の一助とするとともに、生徒の学習意欲の向上を図る。

(2) 実施日時

　平成27年11月10日（火）　14:30～16:40

　※ 講義は15:05～16:25（質疑応答を含む）

(3) 対象生徒

　済々黌高等学校2年生411名（希望学部系統別に実施する）

(4) 場所

　済々黌高等学校　教室他

(5) 開講予定講座

　14講座（東京大学、早稲田大学、京都大学、広島大学、九州大学、熊本大学）

(6) 内容（模擬授業を中心に）

　1) 模擬授業

　2) 学部・学科紹介

　3) 志望する生徒に求められる資質・姿勢

　4) 卒業後の進路等

高大接続からみた、キャリア教育、進路指導の問題点

飯塚　秀彦
(伊勢崎市立四ツ葉学園中等教育学校)

1　キャリア教育、進路指導とは

　高校の教師が使えるような「高大接続事例集」というコンセプトで、キャリア教育の視点から高大接続の事例紹介をとの依頼を受け、拙い実践ではあるが現任校での取り組みを紹介したい。
　コンセプトを踏まえると、すぐにでも取り組み事例を紹介しなければならないところだが、まず、実践の背景にある筆者の問題意識を述べさせていただきたい。

1　子どもたちはどのような将来を生きるのか

　子どもたちが、社会の中枢を担う30代～50代となる21世紀の半ば以降、社会はどのようになっているのだろうか。
　ICT技術の発達などにより社会が大きく変化することで、2011年に小学校へ入学した子どもの約2/3は、大学卒業後、小学校入学時に存在していなかった仕事に就くであろうという予測が、数年前に大きな話題となった。さらに、人工知能の今後の研究・開発によっては、日常生活をはじめ社会のあらゆる分野で、いま以上に大きな変化が生じることも考えられる。これらICT技術の発達・普及以外にも、人口減少・超高齢社会の到来、家族の在り方の多様化、富裕層と貧困層の二極化、グローバル化など、子どもたちのワーク・キャリア、ライフ・キャリアを初等中等教育段階で見通すことはきわめて困難な状況にある。しかしながら、一ついえることは、社会が変化す

るのであればその変化に対応するための資質や能力の育成が、何よりも重要になってくるということである。まずはこういった状況認識に立ち、子どもたちのキャリア教育、進路指導を考えていくことが何よりも求められている。

　では、キャリア教育、進路指導の現状は、上述のような状況認識にたったものとなっているのであろうか。

2　現実からかけ離れたキャリア教育、進路指導の問題点 ①

　高校で行われているキャリア教育、進路指導の多くは、将来就きたい職業を決め、そこから逆算するかたちで進学先の学部・学科を選択していくというものである。しかし、大学の学部ごとの業種別就職状況をみれば、この逆算方式で進路を考えることがいかに現実とかけ離れているのかがよく分かる。であるにもかかわらず、依然としてキャリア教育、進路指導の現場で、この逆算方式が広く用いられている。

　なぜ、このようなキャリア教育、進路指導が行われているのであろうか。

　考えられる理由の一つに、大学に対する一面的な見方がある。日本の大学が大衆化やユニバーサル化する以前には、大学は研究機関（研究者・専門職養成機関）としての側面さえ有していれば、十分その存在意義はあったし、高校での逆算方式のキャリア教育、進路指導もそれなりに有効であった。しかし、大学の大衆化、ユニバーサル化とともに研究機関（研究者・専門職養成機関）としての側面よりも、教育機関（汎用的スキル育成？機関）としての側面が重視されるようになってきた。このような大学に求められる役割が大きく変化しているにもかかわらず、高校では依然として大学を研究機関（研究者・専門職養成機関）としての役割でしか見ていない結果、現実とかけ離れた逆算方式の進路指導が行われているものと考えられる。

　このような状況を踏まえ、高大接続の観点から高校におけるキャリア教育、進路指導を考えるならば、大学の多様な側面を考慮することが求められる。

3　現実からかけ離れたキャリア教育、進路指導の問題点 ②

　逆算方式で進路を考える問題点はまだある。上述したように、大学の学部ごとの業種別就職状況や主な就職先を見ると、多くの大学生は企業に就職し

ている。しかし、驚くべきことに高校の進路指導では、大学卒業後に企業に就職するというキャリアをほとんど想定していない。これは、逆算方式で進路を考える前提として、将来の夢＝専門職(医師、弁護士、教師など)といった図式があり、この前提のもとに逆算方式のキャリア教育、進路指導が考えられているからである。さらに、専門職を前提とした逆算方式のキャリア教育、進路指導では、当然のことながら就職後の部署の異動や転勤といったキャリアチェンジも想定していない。一方、大学で実施されている就職支援の多くは、企業への就職を前提として実施されている。このような状況を踏まえ、高大接続の観点から高校におけるキャリア教育、進路指導を考えるならば、子どもたちの多くが企業へ就職することも考慮することが求められる。

4　保護者の影響力

　勤務校の生徒の約9割は大学への進学を希望しており、さらにその多くが国公立大学への進学を希望している。勤務校で実践している「大学突撃取材」(後述)の学年全体での事前ガイダンスにおいて、毎年質問していることがある。

　国公立大学進学を希望している人が多いけれど、国公立大学を希望する理由は何ですか？

　各クラス3、4名ずつ回答させているのだが、ほぼすべての生徒が「学費が安いから」と回答する。親にあまり迷惑を掛けたくないと慮っての回答とも考えることもできるが、多くは進学するにあたって親から示された条件が、経済的理由から国公立大学というものである。

　また、文理選択の際にも「就職に有利だから理型(理系)」という生徒も少なくない。このような結果を裏付ける調査結果がある。

　PTA連合会とリクルートマーケティングパートナーズの合同調査「第6回高校生と保護者の進路に関する意識調査(2014年2月)」によれば、高校生が進路について相談する相手の上位三項目は「母親」が83.3％、「友人」46.9％、「父親」41.0％となっている。また、進路を考える上で影響を与えた人の上位三項目は「母親」が43.7％、「父親」30.9％、「友人」21.8％となっている。さらに、後者の質問の回答は、前回調査よりも「母親」が8.3ポイント上昇、「父親」も

2.5ポイント上昇しており、「保護者の影響力が増している」とのコメントが付されている。

　このように、キャリア教育、進路指導は、生徒はもちろんのこと、保護者にも目を向ける必要がある。保護者が過ごした高校、大学時代と子どもたちを取り巻く環境は大きく変化しているのだということを、保護者に明確に伝え、理解してもらうことが重要である。

2　四ツ葉学園のキャリア教育、進路指導

　上述したような問題意識をもちながら生徒の実態などを踏まえ、四ツ葉学園ではキャリア教育、進路指導を実践している。以下、学年ごとにその概要を紹介したい。

1　中等3年・Career Discovery in Tokyo

〔ねらい〕

　企業への訪問を通して、働く場としての企業の概要を理解するとともに、協働することや変化に対応する力の重要性についての気づきから、以後の学校生活の充実につなげることができる。

〔概要〕

　午前中に「会社で働くとは」をテーマとして都内にある企業を訪問し、訪問企業から会社概要、社内見学、質疑応答などを行う。午後は、4つの大学を訪問し、中学校、高校の学びと大学の学びの違いについての講義を受け、その後キャンパス見学を実施。

平成27年度訪問企業（1グループ1社訪問、訪問時間90分程度）
鹿島建設株式会社、株式会社タニタ
株式会社ドンキホーテホールディングス、株式会社ニチレイ
KDDI株式会社、コナミホールディングス株式会社、日本通運株式会社
野村證券株式会社

〔実施上の留意点〕

(1) 訪問企業の選定と依頼

　訪問する企業を選定する際、次の2点に留意して選定した。
- 企業は組織で動いていることを理解させるために、ある程度の規模の企業を選定する。
- 働く場としての企業の共通点と相違点に気づくことができるように、多様な産業に属する企業を選定する。

　依頼する際、生徒に「働く場としての企業」への気づきと理解を深めさせる企画であることを伝え、企業概要説明ではどのような組織で成り立っているのか、企業内でのキャリアパスの事例紹介、企業で働く際のやりがい、大学の学びが企業でどのように活かされるのか、企業として必要とする人材などについて触れていただくよう依頼する。なお、企業概要等の説明の形式については企業にお任せをしている。

(2) 訪問大学の選定と依頼

　学部・学科構成を考慮しながら、大学を選定している。依頼に際しては、単なる大学概要説明ではなく、設置学部の説明に関連させて、中学、高校の学びと大学の学びの違い、就職状況などについて必ず触れていただきたいことを特にお願いする。

```
平成27年度訪問大学（2グループ1大学訪問、訪問時間90分程度）
芝浦工業大学、帝京大学、武蔵大学、目白大学
```

(3) 事前・事後学習

　全体ガイダンス（1時間）

　以下の活動は、クラスを解体し、生徒の希望を考慮したグループを編成し、活動を行う。

　訪問企業調べ（2時間）

　質問事項検討（2時間）

　直前ガイダンス（1時間）

　振り返りとお礼の手紙書き（2時間）

　振り返りは、異なる企業を訪問した者同士でグループをつくり、訪問企業での気づきについて報告する形式で実施。

(4) その他

往路は、学校から東京駅までは貸し切りバスで移動。東京駅からは訪問企業毎に教員の引率で公共交通機関を利用し企業および大学へ移動。復路は、大学からは貸し切りバスで学校まで移動する。

【当日の様子】

 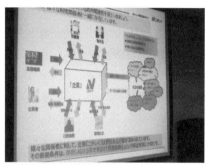

写真　KDDI株式会社で女性社員のキャリアパスについての説明を受けている生徒（左）
写真　株式会社ニチレイで企業の多様な利害関係者とつながりについて説明を受けている場面（右）

〔成果と課題〕

成果として挙げられることは、第一に生徒の視野を広げることができる点にある。生徒の働く場としての企業のイメージは、身近な大人が企業で働いていたとしても、とても乏しいものであった。しかし、実際に企業を訪れ、組織概要や業務内容、社員の方のキャリアパス、大学等の学びと現在の仕事の関連などについての説明や質疑応答を通じて、生徒は働く場としての企業についての視野を大いに広げることができたと考える。

第二に、引率した教員の視野も広げることができることも成果としてあげられる。教員は専門職であるため、逆算方式で将来を考えてきた場合が多い。したがって、教員になってからの進路指導の場面でも、逆算方式で将来の進路を考えることを、無自覚的に前提としている場合が多い。しかし、この企画に生徒を引率することで、教員にとっても働く場としての企業のイメージを新たにすることができるとともに、広い視野に立ったキャリア教育、進路指導にあたることができるようになる。

課題としては、第一に訪問させていただく企業に企画のねらいを理解して

いただき適切なプログラムを提供していただくことにある。近年、企業もCSR（企業の社会的責任）の観点から、生徒の訪問を積極的に受け入れる環境にある。しかし、多くの場合は企業がつくった概要説明や業務内容、工場見学などのプログラムが多く、当方のねらいに沿ったプログラムを提供していただける場合は決して多くはない。訪問をさせていただく企業にとっては、本務以外の業務であり、可能な範囲での対応をお願いせざるをえないのが現状である。したがって、訪問企業での内容的な質に差異が出てしまう。訪問する企業数を少なくすることも考えられるが、これまでの経験上、訪問する生徒が30人近くになると、企業で設定するプログラムでは受け入れてもらえるものの、当方のねらいに沿ったプログラムで訪問を受け入れてもらえる企業は格段に減ってしまう。2011年度からこの企画を行っているが、訪問企業を毎年数社ずつ入れ替えをしながら受け入れていただける企業を増やしていき、数年ごとにローテーションで訪問企業を変えていくような工夫を現状では行っている。

　第二に午前の企業訪問と午後の大学訪問の関連性が薄いということである。この企画を最初に検討したときは、午前と午後に1か所ずつ企業を訪問する予定であったが、上述のように受け入れ企業の開拓が進まなかったため、やむなく午後は大学訪問にしたという経緯がある。企業には、大学の学びが企業でどのように活かされるのか、大学には中学、高校の学びと大学の学びの違い、就職状況などについて触れていただくことをお願いしてはいるものの、事前・事後学習の時間的な制約もあり、明確に関連づけられてはいない状況である。今後は、当初計画していた午前、午後ともに企業を訪問することも含めて改めて検討したいと考えている。

2　中等4年・大学突撃取材

〔ねらい〕

　実際に大学および大学生を取材することを通して、偏差値や知名度といった表面的な部分のみで大学などを選択するのではなく、大学などの真の実力を見極めるためのポイントを理解するとともに、大学の実力をるための具体的な行動につなげられるようにする。

〔概要〕
1日目:WEEKDAY CAMPUS VISIT
高校生が大学の「普段の授業」を受講するプログラム「WEEKDAY CAMPUS VISIT」を、NPO法人NEWVERY(以下、NEWVERY)のコーディネートにより、4大学(文系2大学、理系2大学)での授業を本校生徒が体験した。
また、WEEKDAY CAMPUS VISIT終了後、宿舎において、NEWVERYが運営する教育寮「チェルシーハウス」の寮生との交流会を実施。
2日目:大学突撃取材
生徒がグループごとに選定し、取材交渉を行った大学を訪問し、主に大学の教育力に焦点をあてた取材を行う。

・平成27年度WEEKDAY CAMPUS VISIT実施大学
文系) 青山学院女子短期大学、日本大学法学部
理系) 第一工業大学、日本工業大学
・平成27年度取材大学
青山学院大学、学習院大学、北里大学、国際基督教大学
首都大学東京、上智大学、千葉大学、中央大学、帝京大学
東京外国語大学、東京海洋大学、東京学芸大学、東京家政学院大学
東京理科大学、桐朋学園大学、東洋大学、日本獣医生命科学大学
法政大学、明治大学

【当日の様子】

写真　WEEKDAY CAMPUS VISITのガイダンスで大学についてのイメージを書き出している場面（左）
写真　東京学芸大学で副学長先生にインタビューする生徒（右）

写真　チェルシーハウス寮生との交流会

〔実施上の留意点〕
(1) 企画のねらいの周知
　この企画では、生徒に取材大学を選定させ、大学との取材交渉も行わせるため、企画のねらいを明確に周知させる必要がある。そのために、以下の点に留意している。
・四ツ葉学園のキャリア教育の全体像を示すとともに、その中での大学突撃取材の位置づけを明確に示す。
・「なぜ、大学の実力なのか」を、将来予想される変化から根拠付け、企画のねらいを周知する。
・事前・事後学習を充実させる。
(2) プロセスもしっかり体験
　この企画の特色は、生徒が直接大学と交渉し取材依頼を行い、自宅から目的地までの移動経路も生徒が考え計画し、生徒だけで大学を訪問し取材を行うことにある。大学との直接交渉に際しては、電話のかけ方（生徒は固定電話を使用する機会がほとんどない）の指導など細かな配慮が必要であるし、言葉足らずで取材を受け入れてもらえないことも少なくない。取材当日も生徒だけで移動するため、駅構内で迷ったり、電車を乗り違えたりなど、時間通りに訪問できないこともある。さらに、取材に際しては、取材を受けてくださる大学関係者の方にも多大なご迷惑をおかけしていることが予想される（幸い、今までのところお叱りのお電話などは受けていないが）。このように生徒も教員も神経を使う企画ではあるが、この企画のねらいは、生徒の進路選択に対する意識を高めるだけでなく、この企画の後に、生徒が進路選択のための具体的な行動、すなわち、自らの志望する大学について、自らの足と目と耳で情報を集められるようにすることである。そのためには、情報収集の重要性を訴えるだけではなく、個々の生徒が情報収集する際に必要な手順などを、実際に体験させることが重要だと考える。

(3) 環境を整える

　この企画のガイダンスでは、この企画の後、個人的に大学などと直接交渉して、取材や普段の授業への参加・参観などが許可されれば、授業日でも公欠扱い(欠席扱いとはしない)とすることを伝えている。もちろん、授業日に実施されるWEEKDAY CAMPUS VISITへの参加に公欠を認めている。生徒の主体的な行動を促すためには、前例にとらわれず環境を整えることも重要であると考える。

　ちなみに、公欠を認めるまでの手順としては、①大学などへの直接交渉の前に担任へその旨を口頭で伝え、②大学などと直接交渉をし、③許可されたら公欠申請(期日や目的など必要事項を明記)提出を行い、④事後の報告を行うこととしている。

(4) 事前・事後学習

全体ガイダンス(1時間)
大学の実力を何で見きわめるか(2時間)
　　　大学案内の見方、読売新聞教育部『大学の実力』などを参考に、3つのポリシーの意味と読み解き方、大学データの調べ方、見方を理解させる。
取材事項の検討及び取材依頼(5時間)
移動経路等の計画作成(1時間)
振り返りと報告会の準備(2時間)
　　　取材事項のまとめと振り返り、中等3年生に向けた報告会の発表準備を行う。
報告会(1時間)
　　　中等3年生向けに、ポスターセッション形式で大学突撃取材の報告会を行う。

〔成果と課題〕

　成果として挙げられることは、第一にWEEKDAY CAMPUS VISITや大学への取材を通して、所期の目的である自らの足と目と耳で情報を集めることの必要性を生徒に気づかせることができた点である。大学生が普段受けている授業に参加することで、大学の授業の内容や形態などの多様さや学生の普

段の様子が、オープンキャンパスとは大きく異なることを感じた生徒が多かった。(ちなみに、この大学突撃取材を行う4年生には、夏季休業中にオープンキャンパスに参加し、そのレポートを課している。)

　第二に、この大学突撃取材後、別日程のWEEKDAY CAMPUS VISITにも自分で参加したり、大学に直接依頼して取材を行ったりする生徒が数名ではあるがいることである。この3月に卒業したある生徒は、4年次の大学突撃取材の経験を踏まえ、5年次に第一志望であった大学のWEEKDAY CAMPUS VISITに参加した。その大学については、事前にオープンキャンパスにも参加するなど、いろいろと調べていたが、WEEKDAY CAMPUS VISITに参加し、実際の授業での学生の様子や授業後に学生の生の声を聞くことで、自身の考えている学生生活とは異なる部分がわかり、志望を変更した。その後この生徒は、他の大学に志望を変更し、その大学に進学することになったが、その際もWEEKDAY CAMPUS VISITに参加し、納得のいくまで大学を調べていた。このような生徒はまだ少ないものの、この企画を通じて、実際に行動する生徒が出てきたことは大きな前進であると考えている。

　課題としては、上述したように実際に行動に移すことができる生徒もいるが、その数はまだまだ少数である。より多くの生徒が、この大学突撃取材の経験を活かし、行動に移すことができるように、WEEKDAY CAMPUS VISITに参加した生徒の感想や実際に行動に移した生徒の様子を伝えたり、開催大学や開催日時などの情報提供を行ったりするなどの取り組みを進めたいと考えている。

　大学突撃取材という企画を考えるきっかけになったのが、毎年発行されている読売新聞教育部による『大学の実力』(中央公論社刊)である。この書籍は、それまで表に出てこなかった各大学の退学率などを、はじめて大規模な調査によって明らかにしたものである。この書籍を手に取ったとき、ランキング形式ではなく、各大学への調査結果を一覧表形式で掲載しているところに、キャリア学習の教材としての可能性を感じた。一見すると無味乾燥の数字の羅列だが、その数字の背景を調べさせることで、大学の実力の一端をつかむことができるのではないかと考えたのである。その後、この『大学の実

力』調査を行っている読売新聞専門委員の松本美奈氏のご助言をいただきながら、この企画を実現させることができたのである。以下は、読売新聞の「大学の実力」という連載記事に、1期生の大学突撃取材の様子を掲載していただいたものを転載する。（現在は、「大学の実力」のFacebookに掲載）

> 進路選択『たくましさ』育成（2012年12月5日）
> 広がる「大学の実力」調査のデータ活用。群馬県伊勢崎市立四ツ葉学園中等教育学校では、4年（高1）全員に大学への「突撃取材」をさせた。
> データをもとに練った質問を大学にぶつけ、進路選択の一助にする活動で、事前にそのための授業を10回も行ったという。
> 「目指すは社会人として生きられる力の育成」と企画した飯塚秀彦・進路指導主事は話す。特に重視するのは「たくましさ」。自ら道を選び、困難にぶつかっても解決策を探り出して前に進む。それには「進路選択が絶好の機会」というわけだ。
> 授業では、まず将来をテーマに作文を書かせ、生徒同士の議論で内容を磨いた。情報を読み解く力をつけるため、「実力」データと大学のホームページとの比較もさせた。
> 社会人としてのマナーも必須課題。取材したい大学に予約電話をかけたり、依頼状を書いたり。いきなり「群馬の〇〇です」などと名乗る生徒もいるから、かなりの労力がいる。さらに取材は4、5人の班行動とし、チームワークを学ぶ機会としても使った。
> 　決行日の11月13日、秋晴れの空の下、生徒の顔は輝いて見えた。
>
> 「高校と大学　取材で結ぶ」（2012年12月8日）
> 「大学の実力」調査をもとに群馬・四ツ葉学園中等教育学校の生徒が行った30大学への「突撃取材」。決行の11月13日は、担当教員たちも緊張していた。
> 進路選択を通してたくましさを身に着けさせる試みだが、安全確保は最低条件となる。「8時45分、3班が目の前を通過」。電柱や建物の陰に潜んで、携帯電話で連絡し合う教員の姿が見られた。
> 受け入れる大学にも、緊張感が漂っていた。生徒5人が訪れた東京理科大学は、植木正彬副学長が応対役。退学の背景やその対策などの質問に対し、大学として整えている学習制度や精神的支援策を1時間半もかけて丁寧に説明した。最後は、「こうした訪問はいつでも大歓迎」と笑顔で締めくくった。
> 取材を拒否した大学もあっただけに、「何でも答えてくれ、信頼できる」「進学のイメージが具体的になった」と生徒は手応えを感じた様子。それを聞きながら、進路指導主事の飯塚秀彦教諭は「手間はかかるが、もっと生徒を外に出し、私たちも変わらなければ」と話す。
> 高校と大学とが少しずつ、つながり始めている。調査がその懸け橋になればと願う。

3　中等5、6年・ソーシャルビジネスを立ち上げよう

〔ねらい〕

　社会的課題の解決策をビジネスの視点から考えることを通して、社会との関わりから将来の進路を考えられるようにするとともに、社会に対して積極的に関わっていこうとする態度を育成する。

〔概要〕

以下の7分野に関わる社会的課題を解決するためのソーシャルビジネスプランを作成する。

環境・資源　　教育・若者　　　子育て　　　医療・介護　　　地域 文化・スポーツ　　　国際・グローバル

プラン作成においては、同じ分野を選択した生徒同士でグループをつくり、グループで一つのソーシャルビジネスプランを作り上げる。

平成27年度外部取材先 環境省、経済産業省、厚生労働省、林野庁、群馬県教育委員会 伊勢崎市役所、埼玉県環境化学国際センター 株式会社ダスキン、(財)子ども教育支援財団 一般社団法人ベビーライフ、NPO法人カタリバ カーボンフリーコンサルティング(株)、エコシステムリサイクリング 不登校カウンセリングセンター、NPO法人シティーガイドクラブ ヨネックス株式会社、オレンジリボン事務局、三品食堂 聖路加国際大学など

〔実施上の留意点〕
(1) 企画のねらいの周知
　大学突撃取材同様、なぜこのような企画に取り組む必要があるのかを生徒に周知する必要がある。そのために、以下の点に留意している。
・これまでの四ツ葉学園のキャリア教育を振り返りながら、この企画の位置づけを明確に伝える。
・将来予想される社会の変化を踏まえ、この企画を根拠付ける。
・事前・事後学習を充実させる。
(2) グループ分け
　グループ編成にあたっては、生徒に上述の7分野から興味のある分野を考えさせ、同じ分野に興味をもつ者同士でグループを編成している。また、本校では5年生から文型と理型にクラス分けをしているが、可能な限り文理混合となるようグループ編成をしている。いろいろな志向をもつ者同士によってプロジェクトを進めることによって、より多様で新しいアイデアが生み出せる環境を整えるためである。
　グループ分けの方針については、一般企業でも新規事業の立ち上げなどで

様々な部署の出身者からなるプロジェクトチーム方式が採用されることなどを紹介し、多様な土壌から新しいものが生まれること、ゼロから新しいアイデアを生み出すのではなく、既存のものの組合せによって新しいものが生み出されることなども伝える。

(3) 外部取材を行う

　ソーシャルビジネスプランを作成するにあたっては、外部取材を行うことを義務づけている。社会的課題の現場やその解決に取り組んでいる団体や人物などに直接取材することを通して、意欲や関心を高めることができるだけでなく、ネット上などの間接的な情報ではない生の情報に触れることで、より現実に即したソーシャルビジネスプランを作成することができる。

　外部取材にあたっては、大学突撃取材の経験を踏まえ、生徒が取材したい団体や個人などを選定し、直接交渉を行う。また、取材日は、大学突撃取材のように特定の期日をあらかじめ設定するのではなく、取材依頼先の都合を踏まえてグループごとに設定する。当然、取材日が授業日にあたっている場合は公欠扱いとする。

(4) 全体計画

全体ガイダンス (2時間)

解決すべき課題の方向性を決め調査する (7時間＋外部取材1日)

　　　この段階で生徒には、外部への取材を義務づけている。取材日はグループごとに取材相手との交渉で任意の1日を決定し、取材日は公欠扱いとする。

ソーシャルビジネスプラン第1次案をつくる (6時間)

　　　取材などの調査活動を踏まえ、ソーシャルビジネスプランの第1次案をつくり、中間発表を行う。

ソーシャルビジネスプラン最終案をつくる (8時間)

　　　中間発表を踏まえ、最終的なソーシャルビジネスの事業計画を作成し、発表会を行う。

〔成果と課題〕

　成果として挙げられることは、ソーシャルビジネスプランを作成する過程で知ったNPOの活動に共鳴し、そのNPOへ就職することを念頭に進学先を

決めた生徒がいることである。この生徒はこの企画が大きなきっかけとなった顕著な例ではあるが、その他にも、もともと興味のあった分野でソーシャルビジネスプランを作成したことで、より一層その分野に関する興味が高まった例なども少なくない。

課題としては、第一にソーシャルビジネスは、社会的課題をビジネスの視点からその解決策を考えるものであるが、肝心のビジネスの視点が生徒も教員も弱いことである。生徒は、社会的な課題を解決するアイデアを考えても、それがビジネスとして成立するか、つまりどこからお金を得るのかを考えていない場合が多い。指導する側の教員も、そのような生徒にどのような支援をすればよいのかについての蓄積が少なく、適切な指導ができないこともある。この企画の立ち上げについては、地元のグローバル企業であるサンデンホールディングス株式会社グローバルセンターのご助言などもいただいてはいるが、今後は、実際の指導の場面でもサンデンの方に入っていただいたり、経済系学部を持つ大学との連携なども含め、外部機関との連携を強化したいと考えている。

4　保護者対象進路セミナー

〔ねらい〕

四ツ葉学園の考えるキャリア教育、進路指導の考え方を保護者と共有することにより、生徒が自身の進路を自らの手で切り拓くことのできる力を育成するための支援体制を整える。

〔概要〕

従来は各学年で必要に応じて実施していたものを、今年度から進路指導部、キャリア・学習研修部が中心となり、1年~6年までのすべての学年の保護者を対象とする進路セミナーとして、PTAとの共催で開催している。

1年：四ツ葉学園のキャリア教育、進路指導（四ツ葉学園教員）
2年：入試改革と進学に関わるマネープラン（四ツ葉学園教員、外部講師）
3年：大学の「いま」を知る~学生を成長させる大学の取り組み~（外部講師）
4年：文理選択の概要と保護者の支援（四ツ葉学園教員）

5年：大学入試の概要と今後の保護者の役割（外部講師）
　6年：この1年の流れと保護者の役割（四ツ葉学園教員）

〔実施上の留意点〕
　最初に述べた生徒に対する保護者の影響力を念頭に、学校と保護者が考え方を共有することが何よりも重要であるとの認識から、四ツ葉学園のキャリア教育、進路指導の考え方を共有するためには、どのような内容が相応しいかを検討し設定している。
〔成果と課題〕
　事後の保護者の声を聞くとおおむね良好な反応が得られるが、家庭での生徒との関係にどのような変化が出ているかは不明である。このことも踏まえ、現在は形式的にPTAとの共催となってはいるものの、教員主導でセミナーの内容を決定しているので、今後はセミナーの企画の検討時にも保護者に参加してもらい、保護者の意見も反映できるようにしたいと考えている。

3　今後の展望

　四ツ葉学園でのキャリア教育、進路指導を考えるにあたっての問題意識と実践例について述べてきたわけであるが、最後に改めて、これまでの実践についての考え方と今後の展望について述べてみたい。
　教育の目的は生徒に様々な力を身につけさせることである。キャリア教育、進路指導においては、自分自身の進路を力強く切り拓く力を生徒に身につけさせなければならないと考える。これから子どもたちが生活するであろう社会は、現在もそうではあるのだが、変化が激しく先の見通しを立てにくいものとなる。しかし一方で、社会には成長のための資源や機会が溢れ、その気にさえなれば、成長のための資源や機会を自由に利活用できる社会にもなるだろう。したがって、これらの資源や機会を利活用できる者は大きく成長する一方で、資源や機会を利活用できない者は成長できなくなってしまうことが予想される。特に大学においては、近年の大学改革の波の中で、多くの大学がその教育力を強化し、学生を成長させるための資源や機会を充実させて

いる。

　しかし、高等学校、中等教育学校のキャリア教育、進路指導は、依然として出口指導に偏っているのではないかと危惧している。大学入試改革に関して聞こえてくる声も、大学及び高等学校改革の一環としての入試改革という側面が見落とされ、どのような問題が出題されるのかに注目が集まっている感がある。

　四ツ葉学園で実践しているキャリア教育、進路指導の要諦とするところは、卒業した生徒が、卒業後の環境において自身を成長させる資源や機会を利活用できる力を身につけさせることである。この力が身についたか否かは、当然のことながら国公立大学に何人合格、難関大学に何人合格という指標では測れない部分でもある。したがって、今後の展望としては、これまでの実践をさらに改善していくことは当然のことであるが、卒業生の追跡調査もきわめて重要であると考えている。

　1期生が卒業して1年が経つ。この機会に、四ツ葉学園での経験が、その後の生徒の成長にどの程度寄与しているのかを調査したいと考えている。なかなか因果関係を説明するには難しい調査ではあるものの、可能な限り多くの生徒を継続的に調査したいと考えている。そうすることが、今後の四ツ葉学園でのキャリア教育、進路指導の改善には不可欠だからである。

高大接続を視野に入れたキャリア教育の実践
― 大学との教育連携を通して ―

柞磨　昭孝
(広島県立祇園北高等学校)

はじめに

　近年、高大接続の観点から、キャリア教育の系統性に関する議論が盛んになり、広島県の各高校では創意工夫を生かした教育プログラムを作成し、教育効果の向上に向け取り組んでいる。私が勤務した広島県立安芸高等学校は広島市東区にある総合学科高校であり、大学教育への円滑な接続や社会人として必要な能力の基礎づくりを視野に入れ、総合学科の特色を生かした取り組みを進めてきた。

1　キャリア教育実施上の課題

　安芸高校は12クラス規模の中規模校であり、進路状況は、大学・短期大学への進学者、専門学校への進学者、就職者の割合がおよそ1/3ずつである。ここ数年は表1に示す年間計画に従って、キャリア教育に関する取り組みを行ってきた。その特色の一つは、2年次生が全員夏季にインターンシップを行うことである。就業体験先は多様であり、その数は50事業所を超える。

表1　キャリア教育に関する主な取組

学期	主なプログラム	学期	主なプログラム
I	学び方学習・進路マップ	II	PBL型インターンシップ
	キャリア教育ガイダンス		ポスターセッション
	進路研究・職業適性検査		進路体験プログラム (大学訪問等)
	興動館セミナーI (講演)		課題探究発表会 (安芸高祭)
	進路劇・ディベート講座		ディベート大会
	興動館セミナーII (発表)	III	総合学科発表会
	大学講座 (教育学,工学,情報科学)		面接検定・小論文講座
	コミュニケーション講座		大学ナビゲーションセミナーI
	PBL型インターンシップガイダンス		進路別ガイダンス
	OB講演会		大学ナビゲーションセミナーII

110　高校事例編

しかし、過去の取組内容を調べた結果、次のような課題が明らかになった。

①インターンシップに対する生徒の参加意欲が低い。
②体験が主目的になっており、成果がその後の学習に反映されていない。
③体験の価値化を行う仕組が位置づいていない。

これらの課題は、大きく言えば、インターンシップに限らずキャリア教育全般に係る課題でもあった。「まず参加ありき」の状況下において、主体性の育成を図るために、新しい発想に基づく指導、すなわち、各取組が生徒主体で行われるようにし、これまで断片化されていた体験をつなぎ合わせ、再構築し、価値化するプロセスを導入することが必要となった。

2　キャリア教育実施に関する考え方

キャリア教育の実施内容・方法をデザインし直すにあたって、高大接続の観点から、高校段階で育成すべき資質・能力について検討した。

図1は、大学進学率の推移を表したものである。これによると、大学進学率は平成3年以後増加傾向を強め、平成22年には54％を超えている。

大学進学者数の増加は大学入学者の多様性の増加を意味し、大学数や入学

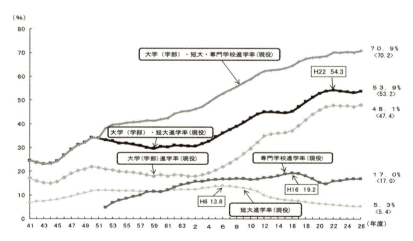

図1　大学進学率等の推移（文部科学省の平成26年度学校調査）

定員の増加などによる大学受験の競争緩和の効果もあり、生徒の学びに対する意欲が低下していると指摘されている。こうした背景から、大学では初年次教育の拡大・充実を図る動きが出ている。河合塾の大学調査(2010)では、初年次教育の目的は**表2**のように示されている。

表2　初年次教育の目的

①	学校生活や学習習慣などの自己管理・時間管理能力をつくる
②	高校までの不足分を補習する
③	大学という場を理解する
④	人としての守るべき規範を理解させる
⑤	大学の中に人間関係を構築する
⑥	レポートの書き方、文献探索方法など、大学で学ぶためのスタディスキルやアカデミックスキルを獲得する
⑦	クリティカルシンキング・コミュニケーション力など大学で学ぶための思考方法を身につける
⑧	高校までの受動的な学習態度から、能動的で自律的・自立的な学習態度への転換を図る

高大接続を考えるうえで、これらの内容は大いに参考になる。安芸高校では平成26年度から、主体的な学びの推進に取り組んでいたこともあり、取組の方向を同じくするものとして、表2のうち、⑦及び⑧を加味して考えることにした。キャリア発達の観点から、特に⑦のクリティカルシンキングは、社会の多様な情報や価値を自ら判断し、取捨選択していくための重要な能力であるといえる。しかし、教科指導だけでその力を育成することは十分とは言えず、他のプログラム（ディベート）も併用することにした。**表3**に、改善の視点を示す。

表3　改善の視点

1	主体性を育む観点から、生徒自身が明確な目的を定め、ルーブリックをつくり、自分の成長を把握できるようにする。
2	学習活動の中に、「傾聴」「対話」プロセスを盛り込み、人とのかかわりを通して、言語活用能力を高める。
3	ICEモデルにおける「C」「E」レベルに相当する学習活動を取り入れる。特に、活動によって得た断片化された知識を関連づけ、意味を再構築し、ストーリー化を行う。
4	体験を価値化できるプロセスを盛り込み、学びの成果を活用することによって改善策等を「提案すること」を目標に位置付ける。

3 大学との連携による実践

キャリア教育を進めるにあたって、上記の検討内容を踏まえ、大学との連携や指導方法改善に関して取り組み内容を具体化した。これらの取り組みのうち代表的なものを紹介する。

(1) PBL型インターンシップの実施

従来型のインターンシップと並行して、生徒の主体性を一層高めるとともに、知識の活用や提案プロセスを盛り込んだ新しいタイプのインターンシップを試行し、課題改善を図る手立てを探ることにした。その実践モデルとしてPBL (Project-Based Learning) に着目した。PBLはその学習プロセスに、対話、データ収集(インタビューも含む)、断片化された体験のつながりの形成・価値化、改善策の提案等を含んでおり、統合的・創造的な学びに主軸を置く実践形式の学習法である。その目標には、学習プロセスへ主体的・能動的に関わろうとする態度を培うことが含まれている。

平成26年度に、提案型インターンシップのプロトタイプとして1グループ(宮島水族館チーム)を指定して実施した。フレームは、鈴木敏江のプロジェクト学習法を参考として組み立てた。図2に全体スキームを示す。

この学習活動において、生徒の意欲が最後まで高い状態で維持できること、そして、再構築プロセスにおいて実現可能性の高い提案が複数なされるなどの成果が明らかになった。提案書は「宮島水族館にリピーターをどうやって増やすか」についてであったが、鈴木によれば「提案は自分自身に関するものが良く、自分たちの生活を改善していけるものにするべき」とのことで、この助言は次年度の実施に向けて大変参考になった。

【広島経済大学 興動館(こうどうかん)プロジェクト】

こうして始めた提案型インターンシップは、あらかじめ定められた正解がないものであり、これまで行ってきた「正解に向かってのパターン認識の習得・定着」という学びから大きな隔たりがあるものであった。さらにこの取り組みが大学教育においてどのようなことに発展するのかイメージできな

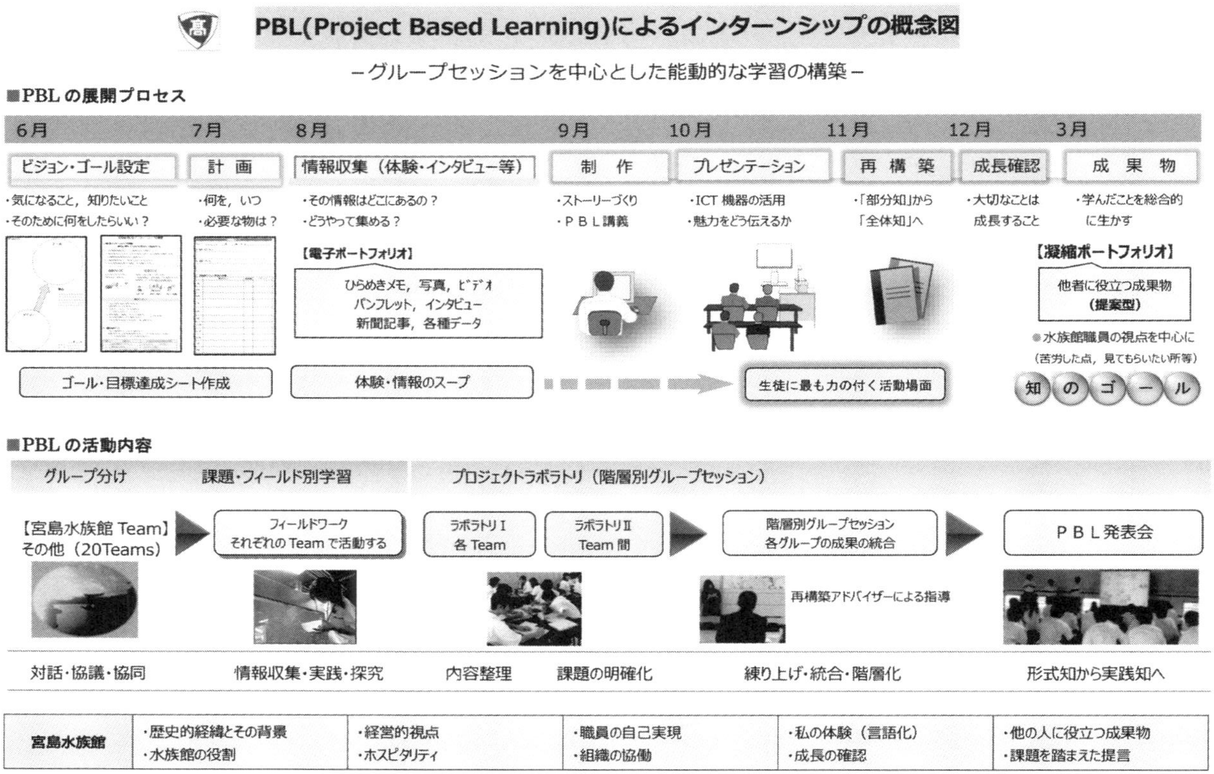

高大接続を視野に入れたキャリア教育の実践　113

図2　PBL型インターンシップのスキーム

かった。検討を重ねていたところ、広島経済大学に「興動館プロジェクト」という優れたシステムがあることを知った。このプロジェクトは、興動館教育プログラムによって「人間力を開発する」もので、4つのフィールドが用意されている。

学生が申請する公認プロジェクトAでは、1プロジェクトに対し最高1000万まで費用が援助される破格のスケールを持つものである。早速、広島経済大学興動館に協力を依頼したところ、全面的に協力していただけることになり、表1に示した「興動館セミナーⅠ・Ⅱ」が実現した。セミナーⅠでは、興動館の友松修課長（当時）による講演を、セミナーⅡでは、プロジェクト参加学生によるカンボジア国際交流プロジェクトやインドネシア国際貢献活動について実践発表を行っていただいた（図3）。このセミナーの実施により、インターンシップを高大接続の観点からとらえることができるようになった。

「セミナーを聞いて取り組んでみたいと思ったことは何か」
○世界で、教育を受けられない子どもたちや遊ぶ場所がない子どもたちのために勉強を教えてあげたい。
○人の役に立つ、ためになることなどをテーマに、さまざまな力を身に付けることができるように成長したいと思う。
○普段の食生活を見直してより良い生活を送るためにいろいろな企画を考える。自分の食生活もより良いものにしていきたい。
○人の役に立つために必要なことを自ら見つけるというようなテーマで取り組みたい。それにより行動力を高めたい。
○アイディアを形にする力、積極性を高めるというテーマで取り組み、大きく成長したい。

図3　興動館セミナーⅡでの発表とアンケート結果（一部）

興動館セミナーは、正解主義に立ち、効率を優先しがちであった本校の指導方法を大きく転換する契機となった。指導は、生徒自身が問いを見出し、行動の意味や意義を考えられるように支援する方向に変わっていった。改善にあたって、次のことを重視した。

①自分の体験の先にあるものをイメージし、逆算できるようにすること
②自分の行動とそれによって生み出される価値を関連づけること
③自分への問いかけを繰り返すこと
④考えを言語化し、省察を加えること
⑤体験から得られたフィードバック情報を共有すること

①は NLP (Neuro-Linguistic Programming) で示されるように、理想と現実のずれの認識から、逆算して現実の立ち位置を見直す作用を持つ。

このような指導の変化に呼応するように、生徒の記述内容も変化してきた。

「インターンシップに対する心構えを書いてみよう」
○インターンシップで何か意味を見つける。
○自分の行動の意味を持って参加する。
○何かに挑戦してみる。自ら取り組む。
○この仕事を通して私は何がしたいのかを考える。
○やることに意味があるので、この機会を大切にし、夢を見つける。
○取り入れることができるものは全て取り入れて成長する。やること一つ一つに意味を見出す。

表4に、事後レポート「私の成長」における生徒の省察結果を示す。

表4　生徒の省察結果

項　目	割合(%)	記述内容
進路に対する意識	26.4	・今まで不明瞭だったが、進路と勉強することの関連づけができた。 ・将来の視点から逆算して、生活を見直すことができた。
大学に関する知識	8.8	・自分から積極的に知識や情報を得ることの大切さを学んだ。 ・大学での勉強でどんなことが必要になるのか学ぶことができた。
学習に対する姿勢	23.1	・目標が具体的になり、授業をより集中して受けている。 ・定期試験など以前より意識してベストを尽くせるようになった。
意欲・生活態度	34.1	・読書などをして、語彙を増やしていくようになった。 ・大学にいる気持ちで、しっかり目で見て耳で聞いて過ごしている。
コミュニケーションなど	7.7	・人の話をていねいに、正確に聞くようになってきた。 ・相手を意識して言葉をきれいに遣うようになった。

※提案型インターンシップの派系として大学探訪チームを置き、教官や学生にインタビュー等も行った。

(2) ディベート

ディベートは、表2に示した「クリティカルシンキング、コミュニケーショ

ン能力」の育成に効果的な学習活動であり、多くの実践例がある。しかし大きな教育効果が期待できる反面、高校が単独で実施するには負荷が大きく、実施に対するハードルが高いともいえる。

表5　ディベートの過去3年間のテーマ一覧

年度	テーマ例
27	死刑制度は廃止すべきである（大学生による講座）
26	高校は週6日制にすべきである　他　計3回
25	日本はすべてのゴミ収集を有料化すべきである　他

　安芸高校では、広島国際大学心理科学部と連携し指導を仰ぐことで、継続的に取り組むことが可能となっている。活動は、同学部コミュニケーション心理学科の学生と本校生徒が混合チームを結成し、論題に対する準備をし、肯定側、否定側、審判団に分かれてディベートを行うように構成されている。特に、審判団には、論理的思考力や判断力などの高い能力が必要とされる（表6）。

　ねらいや指導上の留意点は以下のとおりであり、これらを毎時の指導計画に盛り込んで定着を図った。

　図4に、3学期に行った第3回ディベート実施後のアンケート結果（一部）を示す。

　「相手の立場に立ち、新たな気づきを得ることができた」の肯定的回答は82%に達している。これは他の授業では容易には実現し難いものであり、ディベートの教育効果の高さが表れているといえる。大学生との協働に関して、「大学生のお蔭で、自分たち（高校生）だけでは考えられない視点で考えることができ、よいディベートになった」「役割についてポイントを教えてもらい自信をもって取り組めた」など、多くの生徒がよい評価をしている。高校と大学の枠を超えた授業交流は予想したよりも円滑に展開でき、効果的であった。

表6 高校生・大学生連携ディベート授業進行表（立論―質疑―反駁）

フォーマット	時間	備考
司会者の進行説明	3分	高校生
1. 役割確認	1分	
2. 肯定側第一立論	3分	高校生
3. 考える時間	1分	（質問を考える）
4. 否定側からの質疑	1分	合同
5. 否定側第一立論	3分	高校生
6. 考える時間	1分	（質問を考える）
7. 肯定側からの質疑	1分	合同
8. 考える時間	1分	
9. 肯定側からの第二立論	3分	大学生
10. 考える時間	2分	（質問を考える）
11. 否定側からの質疑	1分	合同
12. 否定側からの第二立論	3分	大学生
13. 考える時間	2分	（質問を考える）
14. 肯定側からの質疑	1分	合同
15. 考える時間	4分	（答え,反駁を考える）
16. 否定側反駁	5分	（応答2分,反駁2分,最終弁論1分）
17. 考える時間	1分	
18. 肯定側反駁	5分	（応答2分,反駁2分,最終弁論1分）
19. 審判団による考える時間	5分	大学生が指導
20. 審判結果発表	1分	高校生が発表
21. 審判団（担任の先生）からのコメント	2分	
合計時間	50分	

○ディベートの手法を理解する。
○主張の根拠となる資料やデータなどの重要性を理解する。
○社会事象には、メリット、デメリットの両面があり、単純に判断ができないことを理解する。
○正当な意見は、人をより大切にし、社会に貢献することにつながるものであることを理解する。

○主張や反論は自己中心的なものではなく、客観的な事実に基づいて行う。
○自分の考えを相手に分かりやすく伝えるため、話の筋道を明確にし、簡潔表現を使う。
○常に相手を尊重し、相手の主張と人格とを混同しない。
○論点分析をするために、相手の主張を正確に聞き取り、メモを取る。
○根拠や前提と主張の関係性について、批判的に検討する。推論の飛躍に留意する。
○自分の主張に対して、相手が反論する機会を与える。
○自分のこれまでの経験や知識にとらわれるのではなく、客観的に判断する。

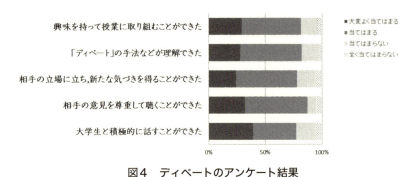

図4　ディベートのアンケート結果

（3）　高大連携事業協定と協働体制の構築

　平成26年12月に広島文化学園大学において、スー・ヤング博士のICEモデルに関する講演があり、安芸高校職員も参加の機会を得た。この講演をきっかけとして、同大学看護学部（代表 佐々木秀美副学長）とICEモデルに関する研究会を開催するようになった。平成27年2月に、同学部から課題解決型学習について、8月に1枚ポートフォリオについての実践発表があった（図5）。

　いずれも、学ぶべき内容の豊富な実践であった。広島文化学園は、大学として看護学部、社会情報学部、学芸学部を、短期大学として、コミュニティ生活学科、食物栄養学科、保育学科を有しており、安芸高校からの進学者も多いこともあり、10月末日には高大連携を一層推進するために、高大連携事業に係る協定を締結した。平成28年1月に、同大の阿賀キャンパスで看護学部の授業を参観し、大学で実際の授業展開について学んだ。ゼミ形式の授業で、学生の発表をもとに、教官と対話しながら内容を深めていく授業スタイルは、まさに目標とするべきものであり、学びの接続を考えるうえで、大変意義深いものであった（図6）。2月に同大学坂キャンパスで第2回アクティブラーニング研修会が開催され、安芸高校がこれまで行ってきた、ICEモデルを軸としたアクティブラーニングの実践について発表を行った。岡隆光学長（当時）から、アクティブラーニングの推進についての説明、学部からICT支援システムを有効活用したアクティブラーニング等の実践発表が行われた。この研修会に参加したことによって、今後、学生がどのような方法や環境で

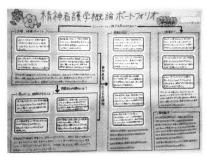

図5　1枚ポートフォリオ　　　　　図6　授業風景

学ぶようになるかについて具体的なイメージを持つことができ、学習者基点の授業デザインに関する新たな方向性を見出すことができた。

　平成27年度高大連携事業に係る第1回研究協議会で、高大連携事業の取組の内容を決定した。その中心となる考えは、学びを深め、発展させるために必要な資質・能力について、高校と大学で考えを共有し、より長いスパンに立ち、学習者基点の学びの構築を図ろうとするものである。平成28年度の主な取り組みの柱を次のとおり定めた。

　1. アクティブラーニングに関する授業の相互参観
　2. 入学前教育の観点から、大学の講義の視聴（ICT活用）とレポート作成
　3. ポートフォリオやICEルーブリックについての研究

4　指導の方向性

　キャリア教育において、生徒がキャリアプランを作成する取り組みはよく行われている。しかし、多様性が加速し、社会構造も年々変化している状況にあって、果たして10年後、20年後を想定することがどれほど効力を持ち得るのだろうか。キャリア教育の観点から育成すべき能力を一つ挙げるとすれば、判断力であると考えている。もちろん、論理的思考力は必須であり、表現力もますます重要性を増していることは言うまでもない。しかし、混沌とした時代を主体的に生きていくためには、キャリア形成の節目で「自ら的

確な判断ができること」が不可欠である。

　これまでの教育では、生徒が自己決定をする場面が少なかったように思われる。教科指導では、基本的には正しいことだけを扱い、不要な情報はあらかじめ取り除かれていることが多い。しかし、現実世界では、要・不要を含め様々な情報が混ざり合っており、主体的に生きるためには、その中から必要な情報を自らの判断に基づいて取捨選択し、それを組み合わせてストーリーをつくることが求められる。このように、対象から情報を取り出し、論を組み立てる能力は国際学力調査PISAでも扱われている重要な能力である。

　このような能力を育成するための方法として、PBLやディベートなど、リアリティのデザインを柱とする取り組みが考えられる。リアリティのデザインは、生徒の心の中に学ぶものに対する存在価値を与えるとともに、アプローチの多様性に関連して自己決定の場面を豊富に設定することができるといった利点がある。リアリティの感覚のもとで、自問自答や自己決定をするプロセスを経て、具体的な行動提案をしたり、新たな価値を創造したりして、自分をプロデュースしていく営みを一層促すことが重要であると考えている。キャリア教育における価値は、J・デューイのいう「本質的価値」に求めるべきであって、習得のレベルを階層化してその達成度を価値とするような道具的価値に求めるべきではない。経験を有意味なものとし、本質的価値に高めるためには、学びのプロセスにおいて自己評価を基本とする「経験の価値化や再構築」を可能とする仕組が必要となる。それを実現するための方法として、学習ポートフォリオは注目すべきものの一つであろう(**図7**)。大学では専門性に支えられて、自己の経験により深い洞察が加わり、ポートフォリオの内容が質的に向上することが期待できる。高校と大学が学習ポートフォリオを軸に接続の密度を高めることで、それぞれが担う教育的役割も一層明確になり、キャリア教育が有効に機能・発展すると考えられる。

図7 ゴールシートの作成

まとめ

　大学に進むと生徒は「学生」となる。すなわち、与えられることをただ待つのではなく、自ら進んで課題を見出し、自分自身の学びを形成していくことが強く求められるようになる。ところが近年、学生となっても、課題が与えられるまで進んで解決しようとしない傾向が少なからず見受けられると聞いている。これはパッシブラーナーの特徴である。高大接続の観点から高大連携の在り方を再考し、修正を加える必要がある。その視点として次の3つを挙げる。

①点を線にする
　単発的に出前授業を行うといったレベルから脱し、高校と大学に共通する長いスパンでの学びの軸を創り出し、その軸を意識しながら日々の授業を展開する。
②構造化する
　学びの軸をカリキュラムデザインに反映し、マネジメントしやすくする。取り組みの初期においては、大学の初年次教育との接続を中心に考える。
③円滑な協働を図る
　高校と大学が、学習ポートフォリオやICEルーブリックなどの、コミュニケーションのための共通ツールを持つ。

　大学との教育連携において、学習者基点の学びを軸とする取組を進めることは、アクティブラーナーを育てるうえで極めて有意義なことであると感じている。キャリア教育に関して、大学との連携を取り上げたが、これらの取組で得られる知見を活かしながら、より幅広い意味でのキャリア教育の推進に関して、教育実践を行っていきたい。

　参考文献
朝比奈なを(2010)『高大接続の"現実"―"学力の交差点"からのメッセージ』学事出版
秋田喜代美(2012)『学びの心理学 授業をデザインする』左右社

宇沢弘文 (1998)『日本の教育を考える』岩波新書
上田信行 (2009)『プレイフル・シンキング』宣伝会議
Kawaijuku Guideline「大学の初年次教育調査」(平成22年9月)
鈴木敏恵 (2012)『プロジェクト学習の基本と手法―課題解決力と論理的思考力が身につく』教育出版
鈴木敏恵 (2014)『キャリアストーリーをポートフォリオで実現する』日本看護協会出版会
中央教育審議会「今後の学校におけるキャリア教育・職業教育の在り方について (答申)」(平成23年1月31日)
J・デューイ (1975)『民主主義と教育 (下)』岩波書店

京都市立西京高等学校のキャリア教育
―エンタープライジングな人材育成をめざして―

岩佐　峰之
（京都市立西京高等学校）

はじめに

　京都市立西京高等学校は、「エンタープライジング科」という専門学科のみを有している単一学科高校です。「エンタープライジング科ってどんなことをする学科ですか?」と自己紹介をするとまず初めに聞かれます。そりゃそうですよね。聞いたことがない学科名ですから。卒業生も就職活動で同じ質問を必ず聞かれるそうです。

　本校の校是は「進取・敢為・独創」です。自ら進んでことをなし、あえて困難なことに挑戦し、新しい価値を生み出す気質のことを「エンタープライズシップ」、校内では「エンプラ魂」なんて呼んでいます。エンタープライジング科の名前の由来は、ここからきています。のちに説明しますが、平成15年に設立されてから13年経過しており、設立以来、この「エンプラ魂」を大切にしてきました。何をするにしてもこの「エンプラ魂」を身に付け、社会で活躍、貢献できる人材を育成したいと思っています。

　先日、「東京エンプラフェスティバル」という催しに参加しました。これは、エンタープライジング科の卒業生で、現在東京で就職し社会人として活躍している先輩が、母校の後輩に対して就活の応援をするという企画です。西京関東同窓会が組織化され運営していただいています。本当に頼もしい先輩たちです。まだ彼らも若いのですが、西京が目標としている人材になってくれています。その中でこんな発言がありました。「がんばるから幸せになれる。ではなくて、がんばることが幸せなのです。だからがんばれる環境が必要なのです。」会場中の参加者が納得する一言でした。西京高校も彼らに負けないようがんばれる環境を今まで以上に提供できる学校になっていきたいと、

あらためて心に決めた瞬間でした。

さて、今回寄稿するにあたり、西京高校エンタープライジング科が何をしてきたのかをまとめ、特に大切にしてきたキャリア教育について述べていきます。どうぞお付き合いください。

1 西京高等学校エンタープライジング科設立の背景

明治19年、本校の前身である京都府商業学校が開校されました。明治43年には「名門」と言われ輝かしい歴史を歩むこととなる「京都市立第一商業学校（京一商）」と改称され、商業をはじめとするその後の日本の産業教育をリードし、卒業生は京都のみならず全国の学界・産業界をはじめ各界に優秀な人材を輩出する存在になりました。

戦後の学制改革の中で「京一商」から「西京」へ校名が変わり、昭和23年の総合制の導入による普通科・商業科併設の時代を経て、昭和38年に単独商業高校への道を歩みます。

時代は高度経済成長から安定成長へ、そして国際化・情報化の急激な進歩や少子高齢化がすすむ中、日本の産業構造も大きな変化をみせるようになりました。京都市においても、金融業や大手企業の新規採用者は高卒から大卒にシフトし、全国的な風潮として高学歴志向はますます高まり、大学進学率はついに50％を上回るようになりました。高卒での即戦力を求める企業は激減し、中小といえども、情報化の進行によって従来の商業教育で習得した専門知識・技能を生かしにくい現状となり、商業高校における教育の質的な変化が求められるようになりました。一方で、昭和の初期に建設された校舎は老朽化し、いよいよその建て替えが必要な時期が迫っており、西京はまた、新たな変革の時期を迎えることになりました。

京都市教育委員会は、平成7年から京都市立高校の将来展望を検討するため、「京都市立高等学校21世紀構想委員会」を立ち上げました。その中で、同じく校舎改築予定の堀川高校をパイロット校と位置づけ、21世紀における京都市立高等学校の先進的な取組のモデルとすることとなりました。教育活動の理念としては「変化と多様性に対応し主体的に選択する力、未来を切

り拓くたくましい創造性と他者を尊重する豊かな人間性の育成」を掲げ、平成11年4月、新校舎の完成と共に、新しい専門学科「人間探究科・自然探究科」の設置に至りました。当時、京都府公立高校普通科は昭和60年の教育制度改革時に制定された枠組（類・類型制や総合選抜制度など）のなかで、徐々に希望する高等学校・類型を「選択」して入学できる制度が拡大しつつありました。この堀川高校の新学科は、数年前に設置された府立嵯峨野高校の京都こすもす科と共に普通科系専門学科として位置付けられ、事実上の単独選抜を行い、通学圏も京都府下一円となるなど、京都の公立高校の新たな選択肢となっていきました。

　21世紀構想委員会において、堀川高校に続く市立高校改革の第2弾と位置づけられたのが本校、西京高校です。校舎の全面改築と共に、京都の教育に新たな教育を提案できるような学校とするため、堀川高校における取組を参考にしつつ、西京独自の教育を創造する営みが求められました。明治に始まる商業教育の伝統と、そこから生まれた産業界との連携を十分に生かしつつ、21世紀に求められる人材の育成をめざして学校・京都市教育委員会が協働してこの学校改革が始まったのです。

　教育理念の検討にあたって、京都の産業界・学術界から、人材の育成に関する貴重な助言をいただきました。京都のベンチャー企業の草分け的な存在であり、今や国際的な企業となった株式会社堀場製作所の創業者で社長・会長を歴任された故堀場雅夫最高顧問もそのお一人でした。堀場会長（当時）から、「国際社会に積極的に貢献できる人材の育成を、是非西京で推進してほしい」とのご指導をいただきました。これからの国際社会で活躍するために必要なスキルとして、英語や情報の力が是非必要であるとのご示唆を賜り、「進取・敢為・独創」という本校の校是や、本校の根幹をなす方向性は、このような様々な方々のご指導ご助言を得て徐々に形作られていったものです。

　そして、堀川高校探究科設立から4年後の平成15年4月に西京高校エンタープライジング科1期生が入学し、今年、平成29年4月には15期生を迎えることになります。

2　西京高校の教育理念と教育目標

　本校の教育理念は、「進取・敢為・独創の校是のもと、未来社会を創造するグローバルリーダーの育成」です。これは、エンタープライジング科開設以来変わることのない理念です。そして、このグローバルリーダーを育成するために身に付けなければならない力のことを、社会で活躍、貢献するために必要な「社会人力」と呼んでいます。西京高校では、この社会人力を3つのC（Communication、Collaboration、Challenge）で構成されていると定義しており、すべての教育活動の目的は、いずれかのCを育成するものです。具体的に3つのCに関して学校案内より引用します。

> Communication（人とつながる力）
> 自己と他者をつなぎ、相互に理解しあうコミュニケーション力を鍛えます。
> 相手の存在を意識して、真摯に聞き誠実に語る姿勢を土台に、英語運用とICT活用を学びます。
> Collaboration（社会と関わる力）
> 仲間と知恵や技能を結集し、社会に参画するコラボレーション力を築きます。
> 社会の一員として自覚と責任感を土台に、リーダーとしての自立した意思決定力を身につけます。
> Challenge（果敢に知と向き合う力）
> 夢を実現するために、深い知の世界にチャレンジし続ける気概を育てます。
> 多彩な文化や科学への共感を土台に、総合的な知力と好奇心に基づき志に向かって自分を磨きます。

　ここで、学校教育法30条第2項を引用します。

>　「生涯にわたり学習する基盤が培われるよう、基礎的な知識及び技能を習得させるとともに、これらを活用して課題を解決するために必要な思考力、判断力、表現力その他の能力をはぐくみ、主体的に学習に取り組む態度を養うこと。」

　つまり、学力の重要な3要素は、「基礎的な知識及び技能」「これらを活用して問題を解決するために必要な思考力、判断力、表現力その他の能力」「主体的に学習に取り組む態度」ということになります。

　学校教育において、この3要素を身に付けさせることが最大の目的で、私

はこれ以外に何を身につけるのか想像できません。特別活動や部活動においても同様に、これらの要素を身につけるために行われていると考えます。特に、主体的に学習に取り組む態度から生涯にわたり学習する基盤を育成することが、中等教育では一番大事なことではないでしょうか。ただ単に、目先の大学に入学するためだけの勉強は、あまり意味のあるものとは思えません。キャリア教育を通じて「なぜ学び、何を学ぶのか」明確にし、内発的な学びの動機づけを行わなければ、多様な価値観が存在するこれからの激動の世の中をタフに生きていくための力は身につかないでしょう。

3　「なぜ学び、何を学ぶのか」を考える。主体的に学ぶとは。

　「主体的に学ぶ」には、どうしたらいいのでしょうか。私は、生徒が「当事者意識」を持つことが大事だと考えます。とは言うものの、高校生に何もないところから当事者意識を持てと言ってもなかなか持てるものではありません。そうであるなら、自分が行動を起こさないと事が進まない状況を、学校教育においてあらゆる場面で設定するのです。何か一つでも、学校が計画した取組に興味を示し、当事者意識をもって取り組んでくれればと願いながらプログラムを設定します。そういう経験を通じて「なぜ学び、何を学ぶのか」を考え、自分でその答えを少しでも出してくれればしめたものです。つまり、学びの動機づけができた生徒は、その答えを実現するために主体的に学ぶ姿勢を見せてくれます。

　次に大切なことは、「学び方を学ぶ」ことです。どうやって学べばいいのかを身に付ければ、鬼に金棒です。実は、この学び方がどうあるべきかを系統立てて論じることこそが、教育現場では重要なことではないでしょうか。昨今「アクティブ・ラーニング」の手法が話題になっています。能動的な学習スタイルはもちろん必要ですが、学習の手段としてだけの議論ではもったいないと思っています。学びの手法としてのアクティブ・ラーニングから生徒自身がリアクティブするように工夫をしていきたいと思っています。

　そこで、重要になるのが探究型学習です。授業で学んだ知識、教養、また自分で得た情報を用いて課題を論理的に解決し、その答えを伝える一連の作

業こそが「学び方」ではないかと私は思います。学校教育の役目として、知識伝達だけ行えばよいという時代は終了したといえるでしょう。生徒の発達段階や学校によっては、探究型学習の内容、レベルは違うと思いますが、行った学習がどのように役立つのかを、生徒自身に実感させることが求められます。そうすることによって「なぜ学び、何を学ぶのか」という問いかけに対して答えが出てくると考えています。

後述しますが、西京高校では、高校2年生から「課題研究」に取り組みます。課題設定をする際に、必ず先行研究を調べさせます。その際、書物や論文を読むわけですが、記述されている内容を理解するには高校で学ぶ学習内容が基本になっていることを生徒たちは気づきます。私は化学の教員ですから、生徒がサイエンスに関する書物を読みデータを処理するときに必ず「これって、授業で取り扱った内容の延長線上のことだよね。」と声をかけます。入試問題だけを取り扱っていると、なかなか学びの必要性を感じることができません。やらされている勉強に陥らないためにも、この「課題研究」の実践の意味は大きいものとなります。

また、西京高校の生徒は、ほぼ100％大学進学を希望しています。大学での学びを少しでも早くに体験することによって、大学での学びのモチベーションが上り、研究生活がスムーズにスタートすることも同時に願っています。そもそも、大学で何をするかを知って進学することは必要不可欠で、大学で学ぶための最低限の学びの作法を身につけることは本校で行う教育活動の使命だと思います。

それでは、次に西京高校で行っている具合的な探究型学習を紹介します。

(1) 社会を知り、社会とかかわる取組

高校1年生の前半に「アイディア企画演習」と銘打ち、ビジネスプランを提案する取組を行っています。高校から入学する生徒(以下外進生)は教育と探求社から提供されているコーポレートアクセスコースの教材を使用します。附属中学校から入学する生徒(内進生)は、この教材を中学3年時に実施しているので、日本政策金融公庫主催のビジネスアイディアコンテストに向けた取組を行います。

ここでは、4、5人のグループを組み、ミッションに対してアイディアを出し合います。その際、グループワークの約束事である「他者尊重」の姿勢を学びます。もちろん積極的に自己主張することは重要ですが、グループワークの最大の利点である発想をたくさん出す環境を作り出さなければなりません。

　出されたアイディアをマッピングし、整理することによって次第にグループとしての提案がまとまり、中間発表を経てさらにブラッシュアップしていきます。その際には企業の方にも参加していただき、厳しいご意見をいただきます。ご意見をいただくほど、生徒の視野は広がり社会の一部分を垣間見ることができるのです。クラス内発表会を行った後、最終発表会では、優秀なアイディアを1年生全体で共有します。

　このように、今後始まる探究型学習を行う上で必要最低限の作法（情報収集、分析、グループワーク、プレゼンテーション）を高校1年生の前半で身につけることがこれらの取組の目的になっています。

（2）　海外フィールドワーク（選択制）

　西京高校では、高校1年生3月に5泊6日で「海外フィールドワーク（以下海外FW）を実施しています。海外FWの訪問先は、アジアを中心とした7地域（シンガポール、マレーシア、タイ、ベトナム、インドネシア、上海、グアム）から1地域を生徒が選択します。この取組は、平成25年度入学生（エンタープライジング科11期生）から実施しており、今年度で4回目を迎えます。

　「どこに行くかではなく、何をするのか」を考えさせるために、段階を経てレポートを作成し、行き先を決定します。行き先が決定した後、各コースで海外FWの目的の確認、また自分自身が抱いた疑問を解決するための具体的な現地調査の内容を構築していきます。このような事前学習を通し、課題設定の立て方、課題解決の方法を生徒は学ぶことになるのです。これらの取組は、教員だけではなく、生徒で構成される「海外FW委員会」が主体的に関わることによって成立しています。委員以外の生徒に連絡だけをするだけでなく、実際にフィールドワークの企画立案にも参画します。本校の教育理念である「未来社会を創造するグローバルリーダーの育成」を推進するうえで、

生徒自らが考え、行動することが不可欠であると考えています。

この「海外FW」に参加した現高校2年生、高校3年生のアンケート結果からも、満足度の高さがうかがえます。帰国後、高校2年生の5月に「海外FW発表会」を実施し、高校1年生と併設している附属中学生に向け、自分たちが得た成果を発表しています。

これらの取組を通して、日本では味わえない経験を積み、考え方の視野が広がることを期待しています。また、高校2年生で行う「課題研究」を取組む素地を育むことを狙いとしており、今後これらの取組が生徒にとってどのように影響を及ぼしたのかを観察していく予定です。

具体的な取組内容を紹介いたします。まず、目的は、①独立自尊の精神(人に頼らずに自分の力だけで事を行い、自己の人格・尊厳を保つこと)を養う、②意思決定力の向上をはかる(選択を通して意思決定を経験する)、③異文化交流をすすめる(日本では経験できないことを体験する)、の3点です。これらの目的を達成するには、生徒が当事者意識を持つことが必要不可欠です。そのために、生徒を大人扱いし、「自己責任」を負わせます。また、過保護にせず、自分のことは自分でさせるようにします。

学校が用意するものは「往復のチケット」「宿泊地」「交流先(学校、企業)」の3つで、それ以外は生徒自身が用意します。パスポートの取得に関しても、学校から親切丁寧な説明はしません。海外FW委員会が、必要な情報を調べ、全体に連絡し、内容を共有します。教員からの指示は、「いつまでにコピーを提出せよ」だけです。行程を作成する際も、それを見ればひとりで行動できるぐらい詳細に記載しますが、起床時間や就寝時間などは不必要です。朝食会場が何時から開いていて、何時に出発するかが必要な情報になります。つまり、何をするための行動なのかを生徒自身が考えていかなければならない環境を、こういうところから作り上げることが大切であると考えます。

この取組を始めた当初、海外FWのコースを生徒が選択するということに対して、保護者からご意見をいただく場面がありました。つまり、「あらかじめ用意している各コースの座席数以上に希望者が集まれば、第1希望に行けない可能性がありますよね。それっておかしいじゃないですか」というものです。私は、まったくおかしいと思いません。これは、希望制ではなく、

選択制だからです。コースを決める際には、必ず第3希望まで生徒に考えさせ、その中から第1希望を決めさせます。1つだけを考えているだけでは、視野が広がりません。興味のあることはもちろんですが、興味のないことにもチャレンジしないといけないということが、この選択制の意義になります。

　そもそも、海外に行く意味は何でしょうか。もちろんグローバル化が進み、日本だけのことだけを考えていては、世界で通用しないということは、誰もが認識していることでしょう。それに加え、日本にはない文化、つまり我々から見たら異文化が存在しているということをあわせて理解しなければ、コミュニケーションを十分にとることは不可能です。特に、これからも日本と大切なパートナーとなるだろうアジア諸国の文化を高校時代に体験することは、将来を見据えたうえで貴重な経験になります。なぜなら、社会人になって海外赴任をするにあたって、アジア勤務を求められるケースが多いからです。各コースで行程を考える際に留意していることは、できるだけ日本人がいない所、日本では、絶対に見ることができない所をあえて選んでいます。利用する飛行機も、日本の飛行機は使いません。なぜなら出発の時から、異文化を感じてほしいからです。

　海外FWの中で、グアムコース以外は、必ず日系企業を訪問させていただいています。そこで出会う方々の熱い思いを、ぜひ生徒に体感させたいと思います。なぜなら、海外で赴任されている方のお仕事に対しての使命感を強く感じるからです。日本以外になぜ、ここで事業を展開しなければならないのか、なぜアジアなのか、明確なビジョンを持って向き合っていらっしゃいます。そんな姿勢を少しでも学んでほしいのです。

　キャリア教育を進めていく中で「やりたいこと。やるべきこと。やれること。」を考えさせること重要であると考えています。「やりたいこと」探しは、全員がイメージを持って取り組むことができますが、自分の「やるべきこと」が何なのかを考えることは、難しい作業です。しかしながら、自分が社会の中でどのような役割を持つべきなのかを知るために、どんどん社会のことを知らなければなりません。そのような中で、アジアで活躍される方々との交流は、大変効果的なものになっています。最後に「やれること」を考える意味ですが、自分の能力内でやれることを考えるということではありません。

最近の高校生はすぐに「ムリ」といって、自分の能力の可能性を自分自ら限定する傾向にありませんか。そうではなく、「やれること」を広げていくために、さまざまな力を身につける必要性を感じさせることによって、学びの動機づけを確かなものにしていかなければなりません。

　現地との学校交流もようやく軌道に乗り始めました。コミュニケーションを通して訪れた地域の文化を知るためには、学校交流が有効であると考えます。グアム、マレーシアコースでは、大学で講義を受講し、海外での学びを経験しています。現在のところ、シンガポール、上海コースでは、以前から交流している学校の高校生が京都を訪れ定期的に連絡を取り合っており、マレーシアコースでは、昨年度マレーシアの生徒を受け入れ交流し始めています。また、一昨年5月にインドネシアから30名の生徒を受け入れ京都の町めぐりを本校生徒とともに実施することができました。また、一昨年度訪問したバンコクの学校とは、姉妹校提携を結んでいます。このように、お互いを知るために交流を深めていき、アジアの一員としてグローバルな視点を育成していくことをめざしていきます。将来的には、「ASEAN Ecological Summit」と称し、交流してきた学校の学生と国際会議を開催していく予定です。

　海外FWを通して、生徒に気付いてほしいこと、考えてほしいことは、

- 英語コミュニケーション能力は重要である
- 「日本とアジアの関係は今後どのようになるのか、すべきなのか」を考えるきっかけをつくる
- 社会で活躍、貢献するために将来的に自分のできること、役割は何なのかを考える
- 疑問をもつことの重要性を痛感し、質問をする姿勢が大切である
- 今の日常が当たり前なのではなく、世界には我々にとって非日常が多く存在し本当はそれが世界では日常である

　以上、5点です。

　海外FWによって得た知見を加味して、スーパーグローバルハイスクール（以下SGH）の取組の一つである2年生で行う「アジアの環境」に関する課題研

究をスタートさせたいと計画しています。

(3) スーパーグローバルハイスクール（SGH）の課題研究

　西京高校は、平成26年度SGHアソシエイト、平成27年度SGHに指定を受けることができました。SGHのめざす方向性と、西京の理念は合致しており、申請をすることは自然の流れでした。SGHの指定を受け研究を進めていくうえで留意していることは、「既存のプログラムを充実させること」です。新しいプログラムを増やし、カリキュラムやコースを変更するようなことは行いません。ただ、2年生で行う「エンタープライズⅡ（総合的な学習の時間校内呼称）」の学習内容を、大幅に見直しました。以前まではこの時間にビジネスプランを提案し英語で発表する取組や、個人による課題研究を行っていましたが、SGHの指定を受けるにあたって、グローバル課題をグループで考え、論文を作成する探究学習を導入しました。「アジアの環境問題」を大テーマとし、「解の見えない問いに対してどう考えるか」をグループワークを通して体験し、これらを通じてグローバル人材に必要な力を身につけさせたいと考えています。

　教育、経済、工学など大学の学部をイメージして7つのゼミを設定しました。生徒は、自分の興味関心に合わせて、ゼミを選択します。さらに、課題を設定していく中で、方向性が同じ生徒をグループ化し、グループとしての課題設定を行うことになります。

　また、この課題研究を進めていくうえで、大きな役割を果たしているのがティーチングアシスタント（以下TA）です。TAは大学生、大学院生で構成されています。生徒に論文指導をするうえで、TAのアドバイスは貴重なものになります。

　平成27年度は、約70チームで課題研究を行い、多種多様な研究テーマを生み出すことができました。これらの多くは、「解のない問い」のようなテーマがほとんどで、単年で結論が出るようなものではなく、継続して研究をつづけるべき論文が多数存在しています。ゼミの中で、それらを蓄積し、翌年の生徒が再度挑戦していけばより深いものになるでしょう。

　課題研究を通じて学び方を身につけ、通常の学習にも身につけて力を発揮

していくことが重要で、同時に教員側も日々の授業でそれらの力を生かした計画を立てなければなりません。そのことこそが、授業改善へとつながるのです。

4　中高一貫教育の必要性

西京高校は、平成16年から附属中学校を併設しました。現在13期生が入学しており、中高一貫教育を受けた卒業生は7年目を迎えます。高校の学年は、附属中学からの入学生(以下内進生)3クラス、高校からの入学生(以下外進生)4クラス、計7クラス280名で構成されています。内進生、外進生それぞれの特徴を生かし、お互いが切磋琢磨できる環境を提供することが、中高一貫教育を進めていくうえで大切な条件となります。以下、中高一貫教育の導入の経緯、併設型中高一貫校のあるべき姿を述べていきます。

(1)　中高一貫教育の導入の経緯

平成9年6月中央教育審議会第2次答申において、中等教育の多様化を一層推進し、一人ひとりの能力・適性に応じた教育を実現するために、中高一貫教育の選択的導入が提言されました。これを受けて京都市教育委員会は平成11年に外部委員も含めた検討会議「京都市中高一貫教育研究会議」を組織し、平成13年3月に答申が出され、京都市における中高一貫校の設置についての具体的な検討が始まったのです。検討の結果、高校改革途中であり、新校舎建築中であった西京高校に附属中学校を新設して併設型中高一貫校とすることになり、平成16年4月に附属中学校を開校することが決定されました。

西京高校に附属中学を併設して中高一貫教育を導入することになった理由は次の2点です。第一に、高校に新たに設置されるエンタープライジング科が、未来を切り拓く独創性や創造性を備え、未知なるものへ果敢に挑戦する進取の気概に満ち、国際社会で活躍しうる個性あふれる人材の育成を目標としており、それに接続する中学では、感性のみずみずしい中学時代から積極的に社会参加していこうとする気概を育てることができること、つまり、エンタープライジング科の教育理念の実現を中学からの6年間でより高度に、

より計画的に行うことができることです。また、第二に、校舎改築中であったために、中学として使用する施設設備の建築が可能であり、高校の施設も一部共用することにより効率的な施設利用が見込めるなど、教育環境の整備が図れるということです。

（２） 併設型中高一貫校のあるべき姿

　西京高校が、内進生を受け入れて10年が経過しようとしています。最初は中学校とどのように連携していけばいいのか手探り状態で、十分な連携ができているとは言えませんでした。高校教員と中学校教員との中でコミュニケーションをとる時間がとりにくいことが原因であると考え、対策を講じていきました。中高合同研修会、中高一貫教育推進会議を通じてお互いの考えを理解することで、西京の中高一貫教育の方向性が形作られていきました。特に、平成25年12月に実施した「中高一貫教育研究大会」を開催したことが、さらに教育活動を充実したものに導いてくれたと思います。高校、中学校が協同して、研究授業を作り上げ、各教科で分科会を開催することにより、また、多くの方に参観していただき評価を受けることによって、6年間を見据えた教科や総合的な学習の時間の指導法、教材開発を推進することができたように思います。

　中高一貫教育のメリットは、言うまでもなく6年間を見据えて教育理念に基づいた効果的な教育活動が展開できることです。しかしながら、これを実際に運営するとなると一筋縄ではいきません。都道府県によって違いはあるでしょうが、西京の場合、中学校籍、高校籍というものがあり、6年間を継続して携わることが現在のところできないことが原因の一つとして挙げられます。だからこそ、先述したような対策が必要なのです。

　附属中学校を併設した当時は、高校改革の真っただ中で、エンタープライジング科の卒業生がまだ誕生していない頃でした。今から振り返ると、高校改革のめどが一定程度ついた段階で、附属中学校の生徒が入学してきたことは、とても重要なポイントだったと思います。なぜなら、高校に魅力がなければ、生徒が入学してくれません。また、外進生の学力層が内進生のそれと同様もしくはその上であるというところも大切な条件であると考えています。

現在、西京では、高校1年生では、内進生、外進生のクラスを別にしていますが、2年時からは文系、理系別クラスを開設するタイミングでミックスします。お互いが尊重しあい、切磋琢磨できる環境こそが、併設型中高一貫校のメリットではないでしょうか。

5　求めるべき学力観

　西京では、さまざまな場面で生徒にキーワードを投げかけます。校是である「進取・敢為・独創」から始まり「君はなぜ学び、何を学ぶのか」と日々問いかけ、海外FWでは、「独立自尊の精神を持て」「一人になれ。群れるな。」「当事者意識を忘れるな」などなど何回も同じことを繰り返し言い続けます。これらのキーワードは、本校が考える「社会人力」を身につけるために必要な作業であり、メッセージでもあります。社会で活躍、貢献できる人材を育成することが西京の理念ですが、何かこうやれば効果的に「社会人力」が身につくとは思っていません。グローバル人材育成の話になると、過剰なまでに論理的思考力、英語活用能力などなどが高校に求められますが、すべて出来るものでもありませんし、それは大学ですることじゃないのかと疑問に感じることもあります。

　あくまで高校で行うべきことは、生涯にわたり学び続けようとする意欲を向上させることと、学び方を学ぶことであると私は思います。だからこそ、「学びの動機づけ」が重要であり、そのためのキャリア教育が西京の教育活動の軸になります。「学び方を学ぶ」とは具体的には、「情報を受け取り、その内容を考え、何が正しいか、方向性を判断し、人に伝える」ことだと考えています。一連の作業は、すべての学習に共通しているのではないでしょうか。この作業を最もわかりやすく行うのは「探究活動」です。課題設定から課題を解決し結論を発表するという流れを、さまざまな場面で活用することができれば、十分な学力を身につけてといえるのではないでしょうか。

　ただ、忘れてはいけないものがあります。それは「知識と教養」です。知識のないところに新しい発想は生まれません。だから、教科指導が絶対に必要で、これをないがしろにしているところに探究活動は成り立たないと言い

切れるでしょう。総合的な学習の時間で身につけた学び方を各教科指導の中で生かすこと、つまり、日々の授業の中で、主体的で、対話的な学習スタイルが導入されれば授業改善が進み、さらなる効果が期待されるでしょう。

6 今後めざすこと

　西京高校は、商業時代から数えて130年の歴史と伝統を持つ学校ですが、エンタープライジング科は開設してようやく13年が過ぎようとしているまだまだ歴史の浅い専門学科です。先日、エンタープライジング科になってから11回目の卒業式が挙行されました。この11期生が入学した平成25年は、新学習指導要領に基づいた新しいカリキュラムを導入した学年になります。私たちはこの学年を「西京第2ステージの始まり」と呼びました。海のものとも山のものともわからないエンタープライジング科に1期生として入学したパイオニアたちが築き上げた第1ステージの始まりから10年間の実績をもとに、さらなる高みをめざした第2ステージを作り上げなければなりません。作り上げる勢いのある時期からそれを維持、継承する難しさを感じています。まさに「創業と守成」です。

　面白い学校にしたいですよね。生徒はもちろんですが、先生にとっても毎日が楽しい学校を作りたいです。それにはどうしたらいいのでしょうか。私は思うのですが、理念の共有化が一番大切だと思います。育成したい生徒像は、先生によってさまざまでしょうし、アプローチの仕方もそれぞれに違うものとなるでしょう。しかしながら、そのベクトルの向きがバラバラだと教育効果は期待できません。その向きを決めるのが、教育理念です。生徒も先生もこれを理解して教育活動に向かわなければなりません。価値観が多様化し、激動の世の中で教育理念を達成するためには、教員自身も学び続け、「学びのプロフェッショナル」として生徒、保護者、そして教員同士が対峙しコミュニケーションを楽しむことが大切なのではないでしょうか。西京でも明らかに第1ステージと第2ステージでは、生徒を取り巻く環境は大きく変化しています。いつの日か教育理念を変えなければならない時期が来るかもしれません。アンテナを張り巡らせ、時代に求められていることは何かを

感じ取らなければならないでしょう。

　これからの学校評価は「どこの大学に何人入れたかではなく、大学で何をして、社会でどのように貢献、活躍しているか」という観点で行われる時代が来ると思います。前者のほうは、明らかな数字が出やすいので誰もが判断しやすくなっているかもしれませんが、もし後者が何らかの外部からの指標であらわされたら面白いと思っています。いわゆる受験勉強だけをしていたのでは、せっかく多感な高校生活が本当にもったいないと思います。最後に申し上げます。「あなたはなぜ学び、何を学ぶのですか。これを見つけに西京で学びませんか。」

京都市立西京高等学校のキャリア教育　139

京都市立西京高等学校

設置学科	全日制	エンタープライジング科	自然科学系コース・社会科学系コース
教育目標		「進取・敢為・独創」の校是のもと、「社会人力」を育成し、将来その力を十分に発揮し、社会に貢献し活躍できるグローバルリーダーを育てる。	

学校の特色

全員がエンタープライジング科生。高い志を全員で共有し、切磋琢磨します。

Collaboration　社会とかかわる力
社会を知ることによって「学ぶ」意義を考えます

*「社会人力」とは、深い知の世界に興味を持ち続け他者を理解することを尊重し、社会に参画することができる力を意味します。

エンタープライジング科では
「社会人力」を身につけるため、「3つのC（コンピテンシー）」という目標に基づき活動します

Communication　人とつながる力
英語運用とICT活用を学びます
※ネイティブスピーカー4名が、英語学習をサポートします。

Challenge　果敢に知と向き合う力
深い知の世界に挑戦し続け、自分を磨きます
※ひとり1台のPCを所持し、あらゆる場面で活用します。

教育システム

1年

特色ある授業『エンタープライズⅠ』
社会を知り、社会とかかわる取組を進めます

普通科目
幅広い知識と教養を身につけます

専門科目
英語コミュニケーション能力を育成します

→ エンタープライジング科入学 → 1年生共通カリキュラム → コース選択

個別相談／進路ガイダンス／大学オープンキャンパス／保護者懇談

2年　3年

2年生から希望するコースにわかれます

特色ある授業『エンタープライズⅡ』
なぜ学び何を学ぶのかを考える取組を進めます

普通科目
進路実現をはかるための高度な学力を育成します

専門科目
共通：英語コミュニケーション能力の充実をはかります
自然科学系：理科教育に重点をおきます
社会科学系：国語教育に重点をおきます

※学習の定着をはかる土曜活用講座（年間約13回）
※充実した学習室（放課後19時30分まで開放）

自然科学系コース
理数科目を中心に高度な学力を身につける

社会科学系コース
文系科目を中心に高度な学力を身につける

→「社会人力」の礎を身につける
→ 未来社会に活かす独創力とリーダーシップの育成
→ 卒業後　大学、大学院、海外留学へ
→ 社会に貢献・社会で活躍

その他

1年生の学年末に海外研修を実施。アジア諸国を中心とした7カ国（予定）からコースを選択します。
「どこに行く？」ではなく、「何をするのか？」を生徒自ら考えます。

離島・中山間地域で進む教育改革
― 「高校魅力化プロジェクト」から考える高大接続と進路指導 ―

藤岡　慎二
(株式会社 Prima Pinguino)

1　本稿の概要と目的

　本稿では、全国で進んでいる「高校魅力化プロジェクト」の取り組みを紹介しながら、プロジェクトが掲げる「新たな学力観」のあり方と、新しい進路指導の実践について論じる。現在文科省が進めている高大接続改革・大学入試改革の議論にも関わる内容となる。

　「これからの時代に我が国で学ぶ子供たちは、明治以来の近代教育が支えてきた社会とは質的に異なる社会で生活をし、仕事をしていくことになる。国際的にグローバル化・多極化の進展、新興国・地域の勃興、国内では生産年齢人口の急減、労働生産性の低迷、産業構造や就業構造の転換、地方創生への対応等、新たな時代に向けて国内外に大きな社会変動が起こっているためである。世界的にも、進展しつつある情報社会への転換の中で、知識の量だけでなく、混とんとした状況の中に自ら問題を発見し、他者と協力して解決していくための資質や能力を育む教育が、急速に重視されつつある。

　こうした未来に生きる子供たち一人一人にとって必要な能力は、（1）十分な知識・技能、（2）それらを基盤にして答えが一つに定まらない問題に自ら解を見いだしていく思考力・判断力・表現力等の能力、そして（3）これらの基になる主体性を持って多様な人々と協働して学ぶ態度である。これからの教育、特に高等学校段階以降の教育は、義務教育段階を基盤として、上にあげた（1）〜（3）（これらを本「中間まとめ」において「学力の3要素」と呼ぶ）の全てを一人一人の生徒・学生が身に付けグローバルな環境の下、

多様な人々と学び、働きながら、主体的に人生を切り開いていく力を育てるものにならなければならない。」(高大接続システム改革会議「中間まとめ」)

　上記は、2015年9月に文部科学省「高大接続システム改革会議」で提言された内容だ。高校魅力化プロジェクトに関わる高校生達は、ここで示される「学力の3要素」に愛郷心、当事者意識を加えた学力観を、地域と協働しながら磨いている。この実態について紹介したい。また高校魅力化プロジェクトの中で、どのような大学・学部選びの指導が行われているのかについても、具体例を交えながら解説する。

　一般的に離島・中山間地域は「辺境」とされる。しかし、辺境は英語でFrontier(フロンティア)と言う。このフロンティアで進む教育改革の姿と、国が議論している高大接続改革の関連性について論じながら、「辺境での教育改革こそ、教育におけるファーストペンギン」であることを伝えたい。

2　高校魅力化プロジェクトを構成する「3本柱」

　高校魅力化プロジェクトとは、地域をはじめ、日本各地の高校で拡がりつつある教育改革の取り組みだ。目的は「グローカル人材」といった言葉に代表される地域の担い手、地域に還元するUターン人材の育成である。プロジェクトは、①高校独自の、特色あるカリキュラム改革、②高校連携型公営塾の設置、③新しいコンセプトを持つ教育寮の設置、の三本柱によって構成されている。

　カリキュラム改革では「総合的な学習の時間」などを使い、その地域・その高校でしか学べない授業を展開。公営塾では大学受験もサポートしながら、志を育むキャリア教育を戦略的に実施する。生徒一人ひとりの状況に合わせて成績向上をサポートするオンデマンドシステムや、個別のキャリア教育により、主体的に学習に向き合う目的意識も涵養する。

　教育寮の存在も重要である。地方では人間関係が固定化しがちだ。そこに刺激を与えるため、地域外からも生徒を受け入れる。教育寮とは、従来の生活寮のように食事と寝床を与え、大人が生徒を管理するだけの場所ではない。

寮の中で様々な交流プログラムを実施し、気付きと出会いを高校生に与え、教育付加価値の向上を図る。

このような3本柱による高校魅力化プロジェクトが、教育改革はもとより、教育を通じた地域活性化にも大きな影響を与え始めている。

3 高校魅力化プロジェクトが拡がる背景

高校魅力化プロジェクトの背景には、全国で進む高校の統廃合がある。統廃合が進む場所は都会ではなく、少子化が進む離島・中山間地域や地方都市だ。島に、地域に、通学圏内に唯一の高校が、統廃合の対象となってしまうのである。

高校があるかどうかは、その地域の定住促進に影響する。2012年12月の朝日新聞記事では、次のような事例が紹介されている。福島県のある村では、温泉ブームにより移住者が増加した。だが高校がなかったため十数年後、転出超過となった。一方、鹿児島県屋久島町には高校がある。世界遺産でもある地域の自然や文化について学ぶ取り組みを始めたところ、高校卒業後に多くの若者が島を離れたが、島外と故郷を比較し、故郷の良さに気付いたことでUターン率が高まった。

このように教育環境の充実は、地域にとっては移住や定住促進の有力な動機付け要因となり得る。博報堂の調べによれば、移住・定住先を選ぶ際に教育が重要だと考える移住者は少なくないようだ。広島県・大崎上島の移住定住促進事業を実施している取釜宏行氏によれば、移住定住の問い合わせの際は必ず教育環境について聞かれるという。そこで大崎上島では、「広島県立大崎海星高校・魅力化プロジェクト」を実施し、2015年度から高校のカリキュラム改革や公営塾の設置運営を実施している。

4 島根県立隠岐島前高校から全国に拡がる高校魅力化プロジェクト

日本海に浮かぶ隠岐諸島の中に、隠岐島前と呼ばれる地域がある。この地域唯一の高校が、隠岐島前高校だ。高度成長時代、島の若者の多くは進学・

就職のために都市部へ流出し、少子高齢化が進んでいた。そこで始まったのが、魅力ある学校づくりからの地域の活性化を目指す、島根県立隠岐島前高等学校・魅力化プロジェクトだ。本稿で紹介する高校魅力化プロジェクトの最初の事例である。

　本プロジェクトでは、地域資源を活かした教育プログラムの導入やカリキュラム改革、地域とも連動した高校連携型公立塾「隠岐國学習センター」の設置、全国や全世界から多彩な意欲・能力ある生徒を募集する「島留学」など独自の施策が行われてきた。結果、島前高校への入学希望者数は増加し続け、2011年度には、過疎地の学校としては異例の学級増を実現。少子化で生徒数の減少に悩む学校や、将来の地域リーダーの育成に取り組みたい自治体の先進地域として、全国の教育関係者、地方創生関係者からの注目を集め、現在も視察が絶えない。

　統廃合寸前の高校から奇跡の復活を遂げただけでなく、地域活性化、若い子育て世代の移住、人口増加などにも寄与している(詳細は岩波書店『未来を変えた島の学校～隠岐島前発ふるさと再興への挑戦～』を参照)。

　この隠岐島前高校から始まった高校魅力化の波は全国に拡がり、ついに国に届く。石破茂元地方創生担当大臣が2015年、北海道音威子府村で地方創生に向けた新型交付金を活用して、教育を核とした地域活性化を進める考えを示した。今までの萌芽期を超えて、2016年は教育による地域活性化元年となるだろう。筆者は、北は北海道、南は沖縄まで全国の高校魅力化プロジェクトに関わらせて頂いている。プロジェクトに興味がある、もしくは実施している高校は、筆者達の調査によると50～60校ほどに上り、さらに増え続けている。まさに、全国的なムーブメントになろうとしているのである。

(1)　高校魅力化プロジェクトの具体的な取り組み内容
―高校魅力化プロジェクトが掲げる「グローカル人材」の姿

　前述の通り、高校魅力化プロジェクトの柱は、高校でのカリキュラム改革、高校連携型公立塾の設置、教育寮の設置の3つだ。各地の魅力化プロジェクトが目指すグローカル人材像の姿と、その育成のための考え方を示したものが、以下の「天地人モデル」だ。

144　高校事例編

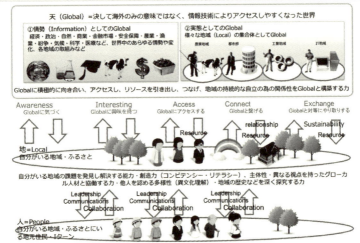

図1　天地人モデル

　各地での議論と実践に基づき、グローカル人材を、「地 (Local) を元気にするために、天 (Global) とコミュニケーションを取り、人 (People) と協働できる人材」と定義した。天・地・人を繋げるという意味で、「王」型人材と筆者は名付けている。

(2)　地域と高校が連動した「地域課題発見型キャリア教育」

　高校魅力化プロジェクトの柱の一つであるカリキュラム改革において、大きな狙いとなるのが、現場のリアルな問題に触れ、当事者意識を喚起することだ。

　高校では、情報伝達型の授業スタイルが一般的だ。しかし仮に、そのような授業で「第一次産業の担い手の高齢化問題」を知識として学んだとしても、自分事としてはなかなか捉えられない。そこで高校生を地域に解き放ち、社

会課題の現場に直に触れさせる取り組みを行っている。現場の声を聞き、実態に近い体験をさせる。その結果、問題と自分の関係性を理解し、当事者意識が産まれ、それが本人の学習意欲や主体性の涵養にも繋がる。

　生徒達はグループをつくって地域に飛び出す。地元住民にヒアリングをし、ある時は地域活動に溶け込みながら課題を発見する。課題の解決方法は、グループでの議論や対話を通じて考え、実行しながら紡ぎ出す。高校の先生方や地域住民にも、自分達の案をプレゼンテーションする。聞き手の地域住民からは鋭い質問や指摘が相次ぐ。「その解決策は実行したが効果がなかった、なぜか分かるか」「その解決策は法令違反ではないか？」「ビジネスモデルはどうなっている？　マーケティングはどうするのか？」「誰が実施するのか、できる人材の確保は可能か」など、高校生扱いしない容赦ない質問に、生徒は戸惑う。その場で考え、真摯に回答する必要があるが、答えにつまり涙ぐむシーンも見られる。

　こうした授業を通じて生徒達は仕事の厳しさや、課題の乗り越え方を学ぶ。社会に出た後も、仕事にタフに立ち向かえるようになるだろう。地域で仕事を創る起業家や、産業振興の担い手を育成する上でも良い学びの場となっている。地域の課題解決や、地域資源を活かした付加価値の創出などで食べていけるようになれば、それが産業になるからだ。高校生が課題の発見・解決を地域の大人達と協働しながら実行するなかで、表現力や、主体的に動く力、考え抜く力、チームで動く力といった社会人基礎力も自然と身についてくる。

　離島・中山間地域の高校というと、「生徒の数が少ない」「学力幅や習熟度が幅広く、自分に合った授業ではない」「教員が揃っておらず、進学に不利」などと思われがちだ。しかし筆者は、離島・中山間こそ、教育最先端地域だと考えている。離島・中山間は「課題先進国」日本のなかの、「課題先進地域」だ。日本や世界が将来直面する様々な問題が既に顕在化しており、現時点でその渦中にある。

　加えて離島・中山間地域は、社会全体の小さな縮図でもある。経済、政治、行政、第一次産業、歴史、文化、宗教、自然、教育、雇用、観光などすべてが揃い、互いに密接に関係し合っている。これらの各分野で社会課題と戦っている大人達の話が聞けるし、場合によっては高校生でも協働できる。これ

こそ、目的意識が重視される今後の高大接続や大学入試改革に向けた、最高の教育環境だ。筆者も今後、大学教授に就任予定だが、地域課題に対する意識を持った上で大学に進学してくる学生は、学習意欲など様々な面で積極性を発揮すると期待している。

人口減少、少子高齢化、財政難、産業の担い手の高齢化問題といった地域の課題は、高校生にとってはリアルな題材だ。これらの題材から課題を発見し解決案を考え、地域の方々と共に学び、実行する、アクティブ・ラーニング型の学習を実践する良い機会でもある。学習における深いアプローチ（Entwistle, McCune & Walker, 2001）を含むことから、現在注目されている「ディープ・アクティブ・ラーニング」の理想的な実践例にもなり得るだろう。

私は、こうしたキャリア教育に、18歳以上の人口増加、地域の担い手・就業人口の確保を期待している。鳥取大学地域学部・筒井一伸准教授による「高校生が地域固有のことを学ぶと、地域で活躍するイメージが持て、生徒の進路意識が高まる」との研究結果もある。後述する「自己探求型授業」と合わせ、生徒の進路意識に様々な影響を与えるだろう。

（3） 自分の価値観や信念・信条を言語化する「自己探究型授業」の可能性

高校生が地域と密に関わり、多様な職種や、地域課題に出会う。そこで課題解決に取り組み、自身の進路意識を高め、選択肢が拡がっていく。一見すると理想的な教育手法に思えるかもしれないが、落とし穴もある。選択肢が多いほど、人は選ぶことができなくなる点だ。コロンビア大学のシーナ・アイエンガーによれば「物を売る場合、選択肢が多ければ多いほど、顧客の購買意欲を高めることにならない」という。多様な職種や課題に出会うほど、自分で扱う課題や、進む進路の選択に迷うだろう。

数多の選択肢から迷わず選ぶには、選択軸が必要だ。「選ぶ」ためには、選択軸と選択肢の両方が重要である。選択軸とは、生徒個人の価値観や信念、信条を指す。そこで私達は、生徒の価値観や信念・信条、行動特性、思考特性などを言語化する自己探究型の授業を、様々な自己分析ツールを駆使して実施している。

前述の「地域課題発見解決型キャリア教育」では、社会が求めている、困っ

ている、解決しなければならない事象を明確にする。そして「自己探求型授業」では、自分の価値観や信念・信条を言語化する。この両者の重なる部分にこそ、社会における自分の居場所と出番がある可能性がある。そこから将来の夢や志を見出していく。「地域課題発見解決型キャリア教育」と「自己探究型授業」の両輪により、生徒は自らの志を立てていくのである。

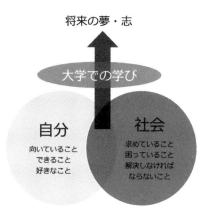

図2　高校の魅力化プロジェクト

（4）　生徒の"志"を育み、社会人基礎力を身に付ける「プロジェクト学習型授業」

　公立塾では教科学力向上に加え、プロジェクト学習を取り入れたゼミ方式の授業も実施している。高校で「地域課題発見解決型キャリア教育」と「自己探究型授業」が行われている場合は、そこで明確になった志を、生徒一人ひとりが公立塾の授業でさらに深めていく。

　授業では生徒一人ひとりが自分のマイ・プロジェクトを持つ。これは自らの問題意識や目的意識、テーマのことだ。具体的には「畜産をICTにより強化するスマートファームの実現」といったものがマイ・プロジェクトだ。

　マイ・プロジェクトを持つ生徒は、5～6人でテーブルを囲み、向き合いながら、ひとりずつプロジェクトについてプレゼンテーションを行う。興味があることや、気づいた問題点、思いついたアイディア、ゼミの参加者にヒントを貰いたい悩みなど、何でも構わない。プレゼンテーションをした生徒に対して、講師や聞き手の生徒が質問をしていく。「そのプロジェクトの対

象は誰か」、「プロジェクトのゴールは何か」。「その解決方法は実現可能か。可能な理由は何か」、「論理が飛んでいないか」など、生徒からも大人顔負けの質問が飛び交う。質問だけではない。「このような本があるが、ヒントになると思うので、紹介するよ」、「君のマイ・プロジェクトに似た記事を新聞で読んだ」、「○○さんを紹介するよ！きっと力になってくれるはず」など、アドバイスも欠かさない。

　このゼミ方式の授業を通じて、生徒一人ひとりが問題意識や目的意識を持ち、それを洗練させながら、やがて志を形成していく。さらにゼミでのディスカッションを通じて、プレゼンテーション能力、コミュニケーション能力、考える力、問題発見能力、リーダーシップなどを磨いていく。これらは学力の基盤を成すもので、学力向上にも大いに貢献する。

（5）　出会いと気づきが得られる教育寮

　一般的には、厳しいルールや面倒くさい人間関係などのイメージも持たれがちな寮だが、高校生にとっては少々異なるようだ。ルームシェアなど、共同生活を題材にした漫画やドラマもいまは多い。寮での共同生活は、ルームシェアにも通ずる「憧れの生活スタイル」なのである。

　さらに、高校魅力化プロジェクトが掲げるのは、「教育寮」というコンセプトの寮である。今までの寮は食事と寝床を与え、生徒を管理する「生活寮」だった。これに対し教育寮は、食・住に加え、高校生のロールモデルになるような大人や、大学生との交流を通じて、出会いと気づきを与える。大人による管理ではなく、生徒達が自ら管理するのが教育寮の特徴だ。この教育寮のコンセプトは東京のNPO法人「NEWVERY」が提唱しており、現在は大学生向け、高校生向けの教育寮がNEWVERYによって展開されている。高校魅力化プロジェクトにおいても、NEWVERYと協働した教育寮の事例が今後、増えていく予定である。

　生徒達は、日常生活の中で目的意識や主体性を身につける。対話を通じて、自分と他人の違いにも気づく。そうした経験の蓄積により、自分と他人を隔てる「自分らしさ」、つまり個性に気づく。その個性の先には、自分らしい成功や幸せの定義がある。また生徒のリーダーシップやコミュニケーション

能力、創造力など、数値に現れにくい非認知能力を鍛える場としても、教育寮は最適だ。学校の授業で教えられる教科と異なり、非認知能力には答えがなく、容易に教えられるものではない。日常生活を通じた習慣として身に付けると良いだろう。

5　高校魅力化プロジェクトの成果としての、進学意識と進学率の向上

　高校魅力化プロジェクトの成果は、徐々に見え始めている。「漠然と手に職をつけるため専門学校に行けば良いと考えていたが、目的意識が生まれたので大学に進学しようと思う」、「自分の夢・やりたい事の方向性が見えた」、「夢に向かって日々行動できている」、「生まれ故郷に貢献したい」、「仕事するなら都会だと思っていたが、地域に戻って仕事をする選択肢を持てた」など、各生徒の意識変化が見られている。

　高校卒業後の進路実現という点においては、隠岐島前高校の場合、国公立大学や難関私立大学への進学率が6倍になるという結果が出た。同校初となる早稲田、慶應、上智、法政、東洋など、島根県以外の大学にも進学する事例が生まれており、生徒達の進学の視野が広がっている。「30歳で町長になって、日本一幸福度が高い町にする政策を実行したい」、「地元の人や地域外からの人をつなぐ"ヒトツナギカフェ"を起業し、『食』を通じて町をもっと元気にしていきたい」など、自分と地域をつなぐ夢を持って進学する生徒も増加している。

　隠岐島前高校を卒業した生徒の意識変革にも注目したい。東洋大学に進学した石井佑布子さんは、「中学生まで、埼玉には自分の居場所がないと感じていた。限られた人間関係のなかで窮屈に生活を送っていましたが、隠岐島前でボランティア活動をする中で、沢山の人と関わって自分の居場所を見つけた。消極的な性格だったが、ボランティアを率先して行い、自分から行動する力を身につけられました」と振り返る。「さらに、自分の人生の目標も見つけることができました。海士町の方に関わっていただいたおかげです。今の自分がいるのも、隠岐島前での学びがあったから。だから、恩返しとして、海士町の力になる仕事をしたいと思っています」と、彼女は今、隠岐島

前で働く保育士を目指している。地元、西ノ島出身で隠岐島前高校出身の近藤弘志さん(法政大学生)は、島外から来た生徒との交流をきっかけに「島外生(との交流)がきっかけで地元に誇りを持つようになりました。結果、地元である西ノ島に帰って、地元をもっと元気にしたい、と思うようになりました」と話す。島外からの生徒との交流が、地元の高校生にも大きな影響を与えている。

6　学力の3要素と高校魅力化プロジェクト

　本稿の冒頭で、「高校魅力化プロジェクトに関わる高校生達は、学力の3要素に愛郷心・当事者意識を加えた、未来に必要な学力観を地域と協働しながら磨いている」と主張した。これらの力をどのように育んでいるかを紹介したい。

　おさらいすると学力の3要素とは、(1)十分な知識・技能、(2)それらを基盤にして答えが一つに定まらない問題に自ら解を見いだしていく思考力・判断力・表現力等の能力、(3)これらの基になる主体性を持って多様な人々と協働して学ぶ態度、である。

　(1)と(2)は、「地域課題発見解決型キャリア教育」や「プロジェクト型学習」の授業が該当するだろう。(2)における"答えが一つに定まらない問題"とは、まさに地方における人口減少、少子高齢化、財政難などの問題と通ずる。地方の住民にとっては、目の前にある身近な問題こそ、まだ誰にも解かれていない、"答えが一つに定まらない問題"である。こうした問題を解決するためには、地域の文化や歴史、住民の経験や知恵などに潜むヒントや知識のカケラ達を論理的に紡ぎ、組み合わせる思考力が必要だ。これらを、表現力を持って関係者に伝え、解決方法が適切か議論する。この過程では判断力も育まれるだろう。

　また当然ながら、課題の発見・解決には十分な知識が必要だ。組み合わせる知識がなければ、解決策を紡ぐことも、組み合わせることも、表現することもできない。より多様で広い知識が必要だ。"答えが一つに定まらない問題"には試験範囲がなく、横断的に様々な教科が関わる。そして解くまでが

試験時間である。テストに出るからという理由で、特定の教科・範囲を一夜漬けで覚えるような学習ではない。あらゆる分野における知識がいつまでも問われるが故に、十分な知識を身に付けることが必須となる。

「地域課題解決型キャリア教育」や「プロジェクト型学習授業」の大きなメリットは、学習者が知識の必要性を感じられることだ。"テストに出るから覚える"ではなく、答えを紡ぐために知識がなければならない、と学習者が理解する。

エンゲストロームの「学習サイクル理論」で、これらの「地域課題解決型キャリア教育」や「プロジェクト学習型授業」を捉えると、【動機付け⇒方向づけ⇒内化⇒外化⇒批評⇒コントロール】の流れは以下のように捉えられる。

動機付け：学習者が出会う社会課題（自分の経験では目の前の問題に対処できない事態）
方向付け：社会課題の解決を目指して学習活動を始める
内化：社会課題の解決に必要な知識を習得する
外化：内化で得た知識を実際に適用して社会課題の解決を試みる
批評：外化においての知識の適用をする中で知識に限界が見つかり再構築する必要性を検証する
コントロール：学習者は一連のプロセスを振り返り、必要に応じて修正を行いながら次の学習プロセスへと向かう

この結果、方向付け・内化で知識を習得するだけでなく、外化の際に知識の必要性を認識する。「地域課題解決型キャリア教育」や「プロジェクト学習型授業」では、学力の3要素の(1)が掲げる「十分な知識」の習得に加え、その知識の必要性も認識するだろう。また(1)の十分な技能については、ヨーテボリ大学のマルトン、エジンバラ大学のエントウィスルらによって理論化された学習への深いアプローチ（Deep approach to learning）がヒントになる。

十分な技能を学力における技能と捉えた時、学びを深くする技能が十分な技能だと考える。京都大学の溝上慎一氏はディープ・アクティブ・ラーニングの必然性を「学習への深いアプローチに至れる」からだと説明している。

私達の実施している取り組みも、学習への深いアプローチ法の習得を通じて、十分な技能を身につけられると言えるのではないだろうか。

（3）の「これらの基になる主体性を持って多様な人々と協働して学ぶ態度」については、「地域課題解決型キャリア教育」や「プロジェクト学習型授業」にチームで取り組むことで習得可能だろう。自分達で動かなければいつまでも解決しない。主体性をもって地域課題に臨まなければならない。チームで取り組むことで、フリーライダーや消極的な学習者が生じる可能性もあるが、それは社会でも同様だ。このような態度のメンバーをいかに巻き込み、鼓舞するかによって協働性のみならず、リーダーシップの育成にもなるだろう。高校魅力化プロジェクトでは、地元出身者と、地域外から集まってきた生徒がともに学ぶ。両者は性格や姿勢、育ってきた文化などが大きく異なる。外国人と違い、なまじ言葉が通じてしまう分だけその違いは際立ち、目立つ。高校では、地元出身の高校生と地域の外からの高校生が、お互いの違いに戸惑う場面も多い。しかし、この違いを乗り越えれば、異文化理解から多文化共生・協働を実現できると考えている。以上が、学力の3要素と高校魅力化プロジェクトの関連だ。

7　愛郷心をいかに育むか。なぜ愛郷心が必要なのか。

　高校魅力化プロジェクトは離島・中山間地域で主に展開されている。したがって、都会の担い手として生徒を外部に送り出すだけでなく、その地域の担い手という進路も、フェアに選択肢になる教育を行う必要がある。いくら高校が魅力化しても、大学に進学して地域に返ってこない人材を輩出しているのであれば、より地域は衰退していき本末転倒である。志を持ち、地域の担い手になる人材の基盤となるのは愛郷心だ。愛郷心を持ち、一度外に出てからまた戻ってくる「ブーメラン人材」の育成と、（外に出られないから残るのではなく）志を持ち、自ら選択して地域に残る人材の育成が地域活性化のためには必須だ。なお筆者は、後者を「土の人」、前者を「風の人」としばしば表現している。

　愛郷心は、教えて身につくものではない。故郷の良さをいくら教え込んで

も愛郷心は育まれない。覚悟を持って動く大人の背中、もしくは持ってきた先人達の想いを、自分達の学びや生活、存在と関連づけて考える機会から、愛郷心は育まれるのではないだろうか。

　大阪府教育委員会の前教育長である中原徹氏の、興味深いエピソードがある。彼がニューヨークの大手弁護士事務所の面接に行った時、面接会場には中原氏より優秀なポーランド人の女性がいた。彼も「この力の差は歴然」と思い半ば諦めていたが、中原氏が採用された。

　理由は「日本の大手企業や政府の案件を持ってきてくれるのではないか」という、事務所側の期待だそうだ。中原氏は「個人のキャリアは自分で切り拓くと思っていたが、思わぬところで先人達のお世話になるものだ……」と感じたそうだ。元を辿れば、明治維新を成し遂げた先人達や、日本の根幹を作り上げてきた祖先に行き着く。彼らに感謝してもしきれない、感謝の気持ちを持ったという。

　中原氏はこの想いを次の世代に受け継がなければならないと考えた。それが、年収が1/5になっても民間校長に就いた理由だそうだ。中原氏の場合は日本という国家だったが、各地域にも同じことが当てはまるのではないか。決して恩着せがましくではなく、生徒が感じるべきときにこうした想いを感じられることが大切なのだ。

　実は、隠岐島前高校は1950年代に地元住民の意思で作られた学校だ。住民自らの寄付で設立されている。なかには家を抵当に入れ、お金を借りて土地を買って寄付した人もいる。資金だけではなく、労力という形で建設のお手伝いもした。結果、事故でお亡くなりになった方もいたが、学校建設は止まらなかった。だから今がある。この先人達の凄まじい教育への思いが、今の高校魅力化プロジェクトの源である。隠岐島前高生は、その住民の想いの延長に今があり、自分達が脚光を浴びているのだと知っている。

　自身のキャリアがうまく行っている人ほど、先人に感謝し、覚悟や想いを新たにするものではないか。教科学力を否定するものではないが、生徒が学力向上によってのみ得た成長では、恩返ししようとする対象は学校の先生か、親になるだろう。隣のおじさんが微分方程式を教えてくれた、という話はなかなか聞かない。しかし学力向上のみならず、人間力の育成や志・目的意識

の醸成において、地域の人々と共に学び成長できたのであれば、「自分の成長は地域の人達のおかげ」と思うようになるだろう。つまり愛郷心は、生徒のキャリア構築や成長に、地域の人達を絡めることでこそ構築される。自分を育てた地域の人々や、人々を育む地域の自然や文化に対して恩返しをしたい気持ちこそ、愛郷心なのではないだろうか。

　愛郷心を元に、村を捨てる学力ではなく村を育てる学力でなければ、このグローバルな時代に将来、国を捨てる学力になりかねない。先人達がいて、周囲の人達がいて、自分達がいる。自分は生かされている。受け継がれたモノに対する感謝の気持ち、未来に受け継ぐ意思、これが学力観の基盤として、大切なのではないかと筆者は考える。

　では、いかに愛郷心を育むのか。それは地域課題を発見し解決していく学びのなかで実現できると筆者は考えている。1つだけではない答えが地域の問題や課題を発見し、解決策を考えることにつながっていく。当然ながら、発見するにも、解決するにも地域の住民の協力は必要だ。地域の住民の協力が生徒の学びを加速させていく。地域の課題発見・解決を実現するために、多くの住民の話を聞く中で総合的で横断的な学びや知識が必要だと生徒達が理解すれば、学びの意欲は向上する。自身の学びへの意欲が向上したのは、地域の住民のおかげだと認識するだろう。また、自身のキャリアややりたいことで生徒が悩んだ時に、多くの大人と対話をすれば、様々な気付きや学びが得られるだろう。生徒が大学生や社会人になり、自身のキャリアに自信を持てた時、"今の自分があるのは、おばあちゃんのあの一言のおかげ"と振り返る。地域の住民のおかげで自身のキャリアが構築されたと認識する。"地域の住民のおかげ"に対して、子供が親に親孝行をするように、自身の故郷に恩返ししようとする意識＝愛郷心が醸成されるのではないか。

　今までは生徒の成長やキャリア構築に、ふるさとの文脈が入り込めなかった。これからはふるさとの文脈を入れ込むことで、ふるさとに恩返しをしたい愛郷心を醸成できるだろう。

8　当事者意識をいかに育むか。

　今後は、日本が抱える社会問題に対し、国民一人ひとりが当事者意識を持てるかどうかが重要になってくるだろう。日本全体の財政が厳しくなる。政府や自治体に"頼って、乗っかって"の気持ちではなく、社会問題を自身の問題として捉える当事者意識、自分達で実行する意識が必要になる。

　「高大接続システム改革会議『中間まとめ』」における学力の3要素である「(1) 十分な知識・技能、(2) それらを基盤にして答えが一つに定まらない問題に自ら解を見出していく思考力・判断力・表現力等の能力、(3) これらの基になる主体性を持って多様な人々と協働して学ぶ態度」に基づいて解が見出されたとしても、個々人が当事者意識を持たず、他力本願なままでは意味がない。「では行政やってくださいね、よろしく」では、むしろ時代に逆行し、本末転倒だ。しかし実際には、こういった考え方は全国で多く見受けられる。自分達ができることは自分達でやる、問題発見と解決への当事者意識が必要だ。地域活性化やまちづくりの現状を見ていると、自分達が実行することを前提とした解決策ばかりではないように思える。

　高校生の地域課題発見のための提案や、大学への志望理由書も、見ていると「これ、誰がやるの?」と疑問に思うことが多い。他力本願の姿勢からの脱却は、自分達の進路を考える高校生のタイミングだからこそ可能ではないだろうか。

　筆者は高校生に常々、自分の価値観を言語化するように伝えている。自分が信じている価値観や信条・モットーである。これを縦軸として、目の前にある地域の問題や課題を横軸とした時に、その縦軸と横軸の結節点こそ、「自分だからこそ取り組める、自分でなければ取り組めない」という当事者意識を持てるテーマや問題意識に出会うトリガーなのだ。思考や行動の元になる価値観、信条・モットーと、地域だからこそ目の前にある生きた問題・課題。この2つのベン図の重なったところこそ、使命感と当事者意識が持てる真のテーマになるだろう。

9　高校魅力化プロジェクトで、どのような「大学・学部選び」の指導が行われているか。

　隠岐島前高校を支援する公立塾「隠岐国学習センター」で実施されている「夢ゼミ」について紹介したい。夢ゼミは前述した、公立塾での「プロジェクト学習型授業」のひとつである。PBLを通じて地域のリアルな課題に取り組む中で、問題は何か、原因は何か、課題として何をすべきか、考えられる解決策は何かを明確にする。夢ゼミを地域で実施する意義は、本当に現場で解決されていない問題が目の前にあることだ。この意義は高大接続に極めて大きい意味を成す。

　ここで改めて、大学とは何かを考えてみたい。大学は高校までの学校と大きく異なる。知恵や答えを授けてくれる学校とは異なり、大学は、答えがまだない問いについて答えを探究し、模索し続ける、つまり研究をする場だ。自身の課題やテーマを研究していく中で、自分なりの知識体系やスキルを身に付けていく。フンボルト理念における"研究を通じた教育"だ。課題先進国日本、課題先進地域である離島・中山間地域が、答えが一つではない問いを突きつけられている現在だからこそ、そこで育った生徒達にとって必要な学びだろう。夢ゼミの生徒達は「問題は何か、原因は何か、課題として何をすべきか、考えられる解決策は何か」を考えた上で、現場の大人達に話す。大人達はといえば、課題先進国日本の課題先進地域で、20〜30年後に日本全体に来るであろう問題と、まさに今戦っている大人達だ。最先端の情報や、ここまでは解決しているがここからは解決していないといった状況など、課題の現場を知っている。

　現状の問題を見つけ、それをどのように乗り越えるか。知識や論理、理論を蓄積した学問を通じて生徒達はアプローチする。どの問題に対し、どの学問でアプローチするか、腑に落ちた理解に至った時に初めて学ぶべき学問が決まり、その気づきが学部選択、場合によっては大学選びにつながっていく。

　ひとつのエピソードを紹介したい。隠岐島前高校生で、畜産一家の男子生徒がいた。彼はとにかく牛、つまり畜産が好きだ。人生に必要なことは全て牛に教わったと豪語する。実際に中学校から牛の飼育に関わってもいる。こ

の生徒は、夢ゼミで地元の主要産業である畜産の衰退に目をつけた。彼は、当初は畜産学部に進学して家を継ごうとしていたが、夢ゼミを通じて「畜産の衰退の原因は畜産業者の後継者不足だ」と行き着いた。

　後継者が少ない理由は儲からない、苦労の割に合わないかららしく、その原因を深掘りすると、餌のコストが高い割に、売上が少なく、採算が合わないことに行き当たった。だから畜産業者も子供に継がせようとしない。畜産業の担い手の最有力候補は、畜産業者の「小倅(こせがれ)」だ。なぜならば畜産業は初期投資が多く、新規参入しにくい業界だからだ。既に設備や土地があり、親から受け継がれる方が事業を受け継ぎやすい。もし小倅に継がせようとしなければ、畜産業の担い手は当然、減る一方だ。

　また、畜産業の魅力も少ない、魅力を発信できていないことも、後継者も減らす要因だそうだ。畜産というと、きつい、汚い、厳しい3Kと言われ、敬遠されがちだという。これらの後継者不足問題をさらに深堀し、問題の根源を探究した。

　餌のコストが高い理由は、餌の購入を農協に任せきりのため、交渉もせずに高い金額で購入している自体が原因だ。個々の畜産業者の交渉向上が課題となる。売上が少ない理由は、畜産業者のマーケティング力が低く、他の業者と差別化できておらず、競争力もブランドもないからだ。よって無計画な価格競争に陥るコモディティ化が生じてしまう。したがって畜産業者のマーケティング力向上が課題となる。マーケティング力向上には、消費者のニーズを知ることが重要だが、現状では消費者と畜産業者の距離は大きくコミュニケーションが取りにくい。いかに畜産業者が消費者の距離を小さくし、コミュニケーションを取りやすくする為にはどうすれば良いのかが課題となる。魅力がない理由はきつい、汚い、厳しいという3Kのイメージだ。これらを払拭する為に、労力を軽減しつつ、労力を上回る畜産業の魅力やりがいを構築・発信することが課題だ。

　このように畜産業における課題を探究していくと、畜産学部で畜産技術を学んでも解決できないことが分かる。イノベーションは生まれないのだ。実際に、周囲の畜産業者の大人達を見ても、話を聞いても、この問題から抜け出せていない。彼は現場を見ながら、話を聞きながら、どうすれば抜け出せ

るのかを考える。自分が持った疑問や仮説に関して、目の前の現場の大人に聞いたり投げかけたり、議論したりできるのは地域ならではだ。最前線の情報はやはり最前線の人が持っているからだ。

　ただ、大人は必ずしも最前線の状況や課題を言語化していない場合が多い。よって生徒は大人に質問しながら、言語化させて、ヒントを得る。この過程でコミュニケーション能力が鍛えられている。

　畜産技術の延長上では解決できないと考えた彼は、オランダのスマートアグリ（農業にICTを導入し生産性向上と労力軽減を図る試み）をヒントにした。畜産にICTを導入し、解決を図る"スマートファーム構想"を考える。

　この時点で、進学先はICT・経営・マーケティングが学べる、交渉術も学べる、農業や畜産など学際的に学べる大学や学部となり、結局彼は、慶應義塾大学環境情報学部（SFC）を選ぶ。学際的に学ぶ場合はSFCだが、彼がICTを中心に学びたいのであれば情報系学部、経営を中心に学びたいのであれば経営学部を進学先に選んだだろう。

　一般的に多くの場合、「畜産といえば畜産学部」というバイアスから抜けきれない。なぜなら生徒がテーマと学部を安易につなぎ合わせる進路選びをしてしまうからだ。しかし、夢ゼミでの進路選びは、テーマを探求していく中で課題、原因を見出し、解決策を見出し、それを大学でさらに追求・実践するために学問を選び、進路先を選ぶ……といった流れで進められている。これこそ大学での学びを最大化する高大接続のあり方であり、進路選びなのではないだろうか。

　このような進路選びや進路指導を実現するためには、教員にも生徒の「プロジェクト学習型授業」を支援する指導力や、各学問分野への理解が必要だ。様々な学問を教員が理解していないと"どの課題は、どの学問で"のマッチングはできない。隠岐の國学習センターのスタッフは研修で、学問体系と学問の特質、どのテーマが、どの学問でアプローチできるのかなど、トレーニングされている。生徒も授業の中で「学問カルタ」という教材を使い、各学問の内容に関する理解を深められるようにしている。

　2020年から始まる高大接続に向けて、生徒が持つ問題意識やテーマに基づき、その課題解決策を深め、学問に結び付け、学問から学部に結びつけてい

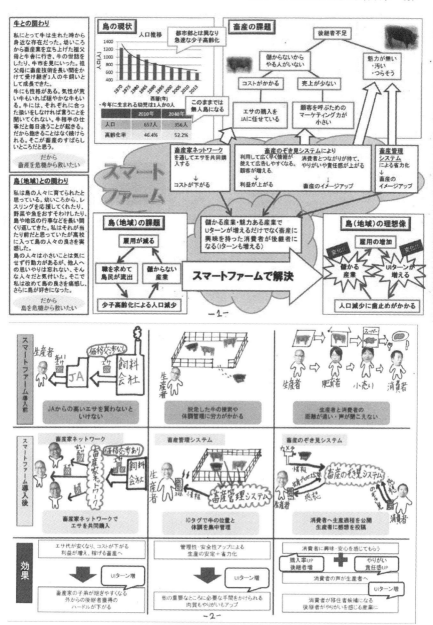

図3 スマートファーム構想

く進路指導が全国で必要になってくるだろう。学問・学部が分かれば、そのテーマにおいてどこの大学の研究が最も進んでいるか、または生徒のテーマにフィットしているかを一緒に探し、"この先生の研究室いいんじゃない!?この学部であれば良さそう!"などと進路先を決めることも容易になってくる。

　今後の高校教員は、進路選びについて自身の専門領域のみならず、幅広い分野の学問に精通し、生徒を導かなければならない。経済学と経営学の違い、歴史学・考古学・民俗学の違いなどを理解した上で、生徒に指導できることが大切なのだ。教員側は、生徒の当事者意識や価値観を言語化し、地域のリアルな問題に出会わせて、探究させた上で進路選択をさせる。「やる気スイッチ」になる問題意識を導き、問題意識を深掘し、その上で学問に結び付けられるよう、導いていかなければならない。

　もちろん大学に入れば、様々な意見や情報、様々な人との出会いによって当初の問題意識やテーマも変わってくるが、それで良いと筆者は思う。高校時代に一度このような一連の流れを抑えておけば、今後も自分で主体的に進路を選ぶ作業ができるようになるだろう。自分の価値観や信条を鑑みながら、社会課題に向き合いつつ、問題を探究し、自分の学ぶべきものを考えながらキャリアを積み上げて行けば、オンリーワンでありながら、社会に必要とされる人材になれるのではないだろうか。「机上の勉強だけで成績を上げ、表面的な受験メディアの情報だけで進学先を選んでいる人がリアルな社会の課題を解決できるわけがない!」のである。

おわりに

　以上、高校魅力化プロジェクトに携わる立場から、これからの高大接続や大学入試改革に向けての新たな学力観と進路指導のあり方について述べた。教育における辺境（フロンティア）であり、かつ、課題先進地域である離島・中山間でのこれらの試みは、離島・中山間地域に限らず様々な地方都市にも拡大する様相を呈している。これらの教育改革においては、地域の教育に対して学校任せにするのではなく、市区町村や都道府県の首長部局や地域住民らが学校と協働し、地域総掛かりで取り組む必要がある。今まで地方におい

て優先順位が高くはなかった教育政策について、もう一度、真剣に議論を始め、リソースを割く時代が始まると期待している。

参考文献

高大接続システム改革会議「中間まとめ」(平成27年9月)

Entwistle, N., McCune, V., & Walker, P. (2001). Conceptions, styles and approaches within higher education: Analytic abstractions and everyday experience. In R.J. Sternberg & L.F. Zhang (Eds.), *Perspectives on thinking, learning, and cognitive styles*. New York: Routledge.

大学、社会とつなげる視点から

　先進的な各高校の事例とともに議論の視野に含めたいのは、高校が大学と社会につながる視点である。そこで、本章では、高校や大学の現場で伴走しながら授業改善や大学改革に身を置いてきた先生方やその教育界をフォローしている新聞記者の視点で、最終報告とその周辺状況を読み解きたい。政策から読み取れる教育全体の課題やこれから取り組むべき改革で留意すべき点を、丁寧に述べていただいた。高校だけで完結しない学び、大学や社会との教育の接続、入試の在り方、学校教育全体の視点からも議論を深めたい。

小林昭文（産業能率大学）
■「主体的・対話的で深い学び」をどう実現するか……………………… 163
　　―「対話的な学び」の促進が「主体的学び」を実現する―

児美川孝一郎（法政大学）
■「高大連携」から「高大接続改革」へ ……………………………………… 178
　　―本当の課題は、どこにあるか？―

矢吹正徳（日本教育新聞社）
■高大接続改革　何が課題か……………………………………………… 189

「主体的・対話的で深い学び」をどう実現するか
―「対話的な学び」の促進が「主体的学び」を実現する―

小林　昭文
（産業能率大学）

はじめに

　文部科学省の最終答申が発表されました。「『主体的・対話的で深い学び』の実現」の方針に私は大賛成です。しかし、この文言の理解と実践にはなかなか困難な側面がありそうです。

　2007年度から高校物理授業を大胆に変更して成果を上げた私の実践を基に、この文言をどうとらえ、どう実現できるかを本稿で紹介します。これが唯一の正解ではありませんが、皆さんの実践のヒントとなり、更に様々な成功事例の発信につながることを期待します。以下の順に述べます。

1　自己紹介と小林の物理授業の紹介
2　「主体的・対話的で深い学び」をどう理解するか
3　「主体的・対話的で深い学び」をどう実現するか
4　「主体的・対話的で深い学び」を阻害する教師の行動と対策

1　自己紹介と小林の物理授業の紹介

（1）ユニークなキャリア形成が AL 型授業に結びついた

　私は、大学では物理学を専攻したものの、一時空手家として生活していました。そののち高校教師になってから、カウンセリングやキャリア教育を学び、様々なビジネス理論を参考にしながら、

キャリア教育のプログラム開発をしました。これらの経験が「居眠り皆無」「成績向上」「進度向上」の物理授業改善に、大いに役立ちました。2013年3月に定年退職したのちは主に産業能率大学経営学部で教鞭をとり、その傍ら授業改善をテーマとした研修会講師を年間100回程度務めています。

実際の授業は図1で示すように構造化し、毎回、この形で行いました。

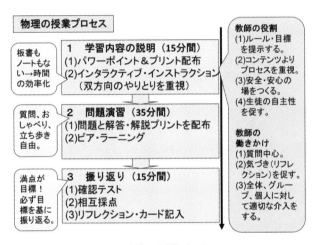

図1　実際の授業プロセス

（2）成果と学び

その結果は図2-1、図2-2、図2-3に示すとおり、「楽しい」「よくわかる」「難しい問題がわかった」「教えることでもっとわかった」「眠くならない」「あっという間に時間が過ぎる」と大好評。更に、成績も向上し、選択者数も倍増し、教科書はものすごい早さで終了する結果となりました。

生徒の意見を聞き、生徒たちとともに作っていった授業はいつの間にかそれまでの伝統的な授業形式に比べると非常識な授業になっていました。「板書・ノートなし」「解答解説先渡し」「席自由、おしゃべり・立ち歩き自由」「短時間の説明」などです。これらに当初は戸惑う同僚も多くいましたが、徐々にこれらを試す同僚が出現し、私と同様の成果が上がり始めました。

また、全国から多くの先生たちが見学に来てくれました。これらの先生た

「主体的・対話的で深い学び」をどう実現するか　165

図2-1　生徒達の声

図2-2　授業の様子

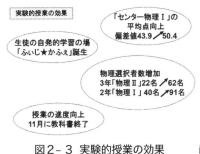

図2-3　実験的授業の効果

ちとの交流も私の研究に大いに役立ちました。

（3）授業改善と組織開発は車の両輪

　自分自身の授業改善を進めるのと並行して、私は「授業研究委員会」の活動に参加しました。「研究授業と研究協議の方法」や「授業研究週間の持ち方」を従来のやり方から、大きく変更することなどで成果をあげました。これにより、「個々人の授業改善」と「対話を軸とした組織開発」の両者を一体の問題として取り組まなければ成功しないと確認するに至りました。

　別言するなら、生徒たちに「主体的・対話的で深い学び」を実現させるためには、まず私たち教師自身が「主体的・対話的で深い学び」を実践し、その価値と効果を体感することが不可欠だということです。

2　「主体的・対話的で深い学び」をどう理解するか

　様々な解釈や実践が生まれそうですが、それが良いことだと思っています。文部科学省が詳細な「正解」を提示して、授業者が「丸」や「ご褒美」をもらおうとして取り組めば、授業者の「主体的な学び」は生まれにくくなります。

過度な「褒められ競争」が蔓延すれば、授業者同士の「対話的な学び」も起きにくくなります。

授業者が目の前の生徒たちを大事にしながら様々な取り組みに挑戦していくことが、質の高い実践を生み出すことになると思っています。現場の授業者の一人として私が以下に述べることは「正解」の提示ではなく、私以外の実践を否定するものでもありません。これが皆さんの実践のヒントや、皆さんの対話の契機になることを期待しています。

(1) 3つの「学び」の連環と「主体的な学び」

私は、図3に示したように「主体的な学び」「対話的な学び」「深い学び」が相互に関連しあいながら学びの質が向上していくと理解しています。

次にそれぞれの用語をどう理解するかです。まず「主体的な学び」です。これは梶田叡一の図解（図4）がとてもわかりやすいので、これに沿って解説します。

まず、最初は「（Ⅰ）課題依存型の主体的学習」です。授業中に教師から提示された課題に「興味・関心をもって取り組む」だけでなく「書く・話す・発表する等の活動を通して課題に取り組む」とあります。

これまでの多くの授業のイメージは「（課題に取り組まないと叱られるから・減点されるから・大学に合格しないから）いやいや取り組む」生徒たちの様子が思い浮かびます。更に「（隣に多くの友達がいても）話をしない、質問もしない、手伝いもしないで黙々と課題に取り組んでいる」ことが大半でした。その意味で、まずはこの「課題依存型の主体的な学習」の段階に進むだけでも、そう簡単ではなさそうです。

その上は「（Ⅱ）自己調整型の主体的学習」です。「目標や学習方略、メタ認知を用いるなどして、自身を方向づけたり挑戦したりして課題に取り組む」というのです。

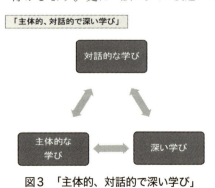

図3 「主体的、対話的で深い学び」

「主体的・対話的で深い学び」をどう実現するか　167

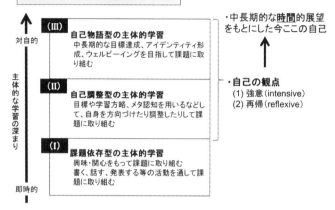

図4　三層で理解する主体的な学習

　つまり（Ⅰ）では与えられた課題に対してその目的や目標を問い返すことなく取り組んでいた生徒たちが、自分にとっての目的・目標を問い直したり、自分自身の学び方を振り返ったり（これがメタ認知をすること）、自ら調整・修正したりしながら学ぶ段階ということです。現場で宿題とペナルティーを課し続けて生徒たちを締め付けがちな現状では、この（Ⅱ）の段階は程遠い気がしてきます。

　最後は「（Ⅲ）自己物語型の主体的学習」です。「アイデンティティー形成、ウェルビーイング」などから推察すると、社会人として長いキャリア形成の段階での長期的・継続的な「主体的な学習」ということのようです。

（2）「対話的学び」

　対話とは「ダイアローグ（dialog）」の翻訳語です。その簡単な意味は、「1人ではたどりつけないアイデアや結論にたどり着くこと」です。より深い定義として、私はピーター・センゲの説明が気に入っています。

　「……チーム学習というディシプリンは「ダイアログ（dialogue）」で始まる。それはチームのメンバーが、前提を保留して本当の意味で「共に考える」能

力である。ギリシャ人にとって、「ディアロゴス(dia-logos)」は、「個人では得ることのできない洞察をグループとして発見することを可能にするような、グループ全体に広がる意味の流れ」を意味した。」(出典「学習する組織」ピーター・センゲ著　小田理一郎他訳、英治出版)

　私の物理授業では開始当初から「対話」を重視していました。具体的には年間の授業の目的は「科学者になる」と設定し、毎時間の目標は「科学的対話力の向上」としました。これに基づいて「態度目標」を設定しました。それは「しゃべる、質問する、説明する、動く(席を立って立ち歩く)、チームで協力する、チームに貢献する」というものでした。詳細は後述します。

　私が約10年も前から授業の中で「対話的な学び」を重視していた理由は、物理学の特殊性にあります。湯川秀樹をはじめとして、日本のノーベル賞受賞者は理論物理学から多く輩出しています。理論物理学では実験ができないので、「チームで話し合って新しい発見をする力」=「対話の力」が重視されます。私も理論物理学の末席を汚していましたから、対話の重要性は学生の頃に体験していたということができます。

　授業改善を模索し続けていたころ、多くの実践している先生たちからは「物理ではこのような授業はできないからあきらめた方が良いですよ」と言われ続けました。それに対してさほど不安を持つこともなく、「できるはず」と取り組んだ理由は、私が対話の力を実感していたからと言えます。

　更に、私が対話を研究するときのよりどころとしている「ダイアローグ～対立から共生へ～」(デヴィッド・ボーム著/英治出版)の著者デヴィッド・ボームは理論物理学の権威です。また、実践的な手法として私が多用している「アクションラーニング」は、イギリスの物理学者レグ・レバンスの発明になるものです。

　余談を2つ。まず、時々、「対話はペアワーク」「協働的な学びはグループワーク」との説明を聞くことがあります。これは大誤解だと思っています。

　もう1つ。注意すべきは「対話」と「会話」「おしゃべり」を区別することです。生徒同士の「対話」、先生と生徒たちとの「対話」が、個人では解決できないことを解決できたと実感できるものでないと、グループワークは生徒たちにとっては「お遊びの時間」「休憩時間」になってしまいます。

(3)「深い学び」

　私はこの「深い学び」を以下の3つの視点からとらえて授業に使っています。第1は「メタ認知」、第2はデービッド・コルブの「経験学習モデル」、第3はクリス・アージリスの「ダブルループ学習」です。それぞれについて簡単に述べます。

　まず「メタ認知」です。**図5**を見ていただけるとわかりやすいと思います。「考えている自分」と「考えている自分を監視している自分」がいます。このように自分が何を考えているか、何を感じているかを問いかけることを「メタ認知」と言います。(図の出典:「知的思考の技術」知的思考の技術研究プロジェクト編著、産業能率大学出版部)

　生徒たちに自らの認知プロセスを振り返らせる(メタ認知させる)ことで、学び方(プロセス)や教科の内容(コンテンツ)に対する深い学びを促進できます。

　第2はデービッド・コルブの「経験学習モデル」です。**図6**に示したように、私は吹き出しに示した表現を使っています。理論的な厳密さには少々問題がありますが、生徒や初心者に対するわかりやすさに重点を置いています。

　このサイクルを回すきっかけを作るのは「質問(課題)」です。私は授業中に物理の内容(コンテンツ)と学習態度(プロセス)のそれぞれに「深い学び」が起きるように、問題を選定したり、質問で介入したり、リフレクションカードを書かせたりしていました。

　第3はクリス・アージリスの「ダブルループ学習」です。**図7**に示したように普通私たちは「行動」を変えます。「結果」が満足できなければ、また「行動」を変えます。これをシングルループ学習と言います。しかし、その繰り返しでは問題が解決しない場合があります。その時はこれまで意識していなかった「前提(統御価値)」に立ち戻って考える必要があります。これをダブルループ学習と言っています。

　アージリスは以下のようなたとえ話を書いています。「シングルループ学習はサーモスタットになぞらえるとわかりやすい。(温度が高ければ下げ、低ければ上げるからだ。)仮にサーモスタットが『20℃に設定するのが本当に望ましいのか?』と自らに問うことができれば、基本方針や目標などを見直すことができるだろう。これがダブルループ学習である。」

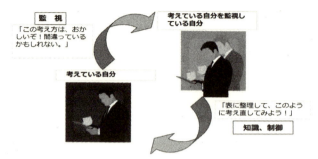

図5 メタ認知

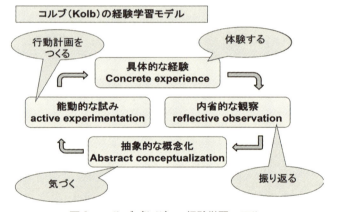

図6 コルブ（Kolb）の経験学習モデル

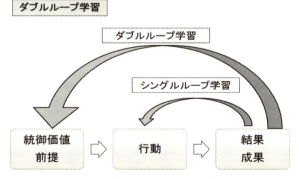

図7 ダブルループ学習

このように「暗黙の前提」に問いかけることができると、生徒たちは「深い学び」を実現することになると考えています。

3 「主体的・対話的で深い学び」をどう実現するか

（1）　3つの「学び」のどこに働きかけるのか？
　冗談で済んでほしいのですが、生徒たちに向かって「主体的に学びなさい！そうでないと減点するよ‼」と叫ぶ先生たちが日本中に出現するかもしれません。そうなったら生徒たちは「叱られないように主体的に学ぼう（学んでいるフリをしよう）」ということになります。つまりこの言い方自体が「主体的な学び」を阻害することになります。
　これは「対話的な学び」「深い学び」についても同様です。「対話をしろ」「深く学べ」と言ってもできるわけがありません。むしろ逆効果になりかねません。ここがこのスローガン実現に向けての困難の2つ目です。

（2）　小林の物理授業で実現していた「対話的な学び」と「主体的な学び」
　私は「対話的な学び」を促進することに重点を置いていたのですが、その結果「主体的な学び」が起きていたといえる事実が起きていました。まずはこれを紹介します。
　私が図1に示した授業を始めてから2～3週間たったころに、3年生が「先生、放課後物理室を開けてください」とやって来ました。
　「先生が始めたあの授業はとてもいいんです。みんなでワイワイやっていると楽しいしよくわかる。だから僕たちは放課後もあんな風に勉強したいんです。でも、図書館は話してはいけないルールだから無理。それで、放課後、物理室を開けてほしいんです。」
　私は毎日のように会議ですが、生徒たちは「先生はいなくてもいいんです」と言うので開けっ放しにしました。すると毎日30～40人も集まるようになりました。物理を選択していない生徒も集まります。全ての教科科目の勉強をしていました。私は毎日「今日は○時○分で物理室を閉めます」と案内することになってしまいました。

これは私が指示したり強制したわけではないのです。全く生徒たちの「自主的な」活動です。「課題依存型の主体的な学習」から「自己調整型の主体的学習」へと移行していたと言えそうです。その上、彼らは1人でやるよりも友だちとワイワイやる方が良いと理解していました。つまり「対話的な学び」の価値を実感し、この学びも実現していたと言えそうです。

　後日談です。大学に進学した卒業生たちは、しばしば夏休みに数人そろって遊びに来てくれました。まずはひとしきり大学授業の悪口です。「90分間ワンウェイなんですよ！」「眠いし、つまんない。高校の物理ではそんなこと一度もなかったのにさ！」という具合です。

　「まあ、大学はそんなものさ。で、どうしているの？」「だから高校の時と一緒です。友だちを集めて空き教室でワイワイやっています」「え？お前も？俺もうちの大学でやっているよ」「うちはね、大学院生が時々教えに来てくれるよ」「え～、いいなあ～」……

　つまり、別々の大学に進学した卒業生たちはそれぞれの大学で、同じように「主体的で対話的な学び」を実現していたことになります。これは「自己物語型の主体的な学習」へ移行していたと言えるのかもしれません。

（3）「対話的な学び」を促進すると「主体的な学び」が促進される

　上記の成果はなぜ達成できたか？私は「対話的な学び」を促進することに重点を置いていました。「質問で介入」したり、リフレクションカードを書かせたりしていました。この事実から、「対話的な学び」と「深い学び」を促進する「しくみ」と「働きかけ」が、生徒たちの「主体的な学び」をレベルアップしていたと思われます。以下、具体的に述べます。

①「態度目標」の設定と質問による介入

　前述したように、私は「態度目標」を設定していました。内容は「しゃべる、質問する、説明する、動く（席を立って立ち歩く）、チームで協力する、チームに貢献する」です。これを毎回提示していました。

　提示しただけでは生徒たちは動きません。といって、「質問しなきゃダメじゃないか」と批判したりすれば生徒たちは委縮します。先生の顔色を窺い

ながら動きます。「主体的な学び」は阻害されます。
　そこで私は「質問で介入する」方法を編み出しました。例えば、せっかくグループ席にしたのに、黙々と問題を解いているチームに近寄って「チームで協力できていますか?」と質問すると、「あ、忘れていた」「ねぇ、これ教えて」などと話し合いが始まるのです。
　これは質問により、「メタ認知」するということですし、コルブの経験学習モデルのサイクルが回り始め「振り返り」→「気づき」→「新しい行動計画を立てて」→「新しい行動に向かう」ということです。
　ダブルループ学習の視点に立てば、「問題は1人で解くものだ」という暗黙の前提に従って行動していた自分の「前提」に気が付いて、「この時間は最初から質問していいんだ!」と自覚することで「行動」が変容するということです。更に、「質問して教えてもらってわかった。100点が取れた」という成功体験は、「質問すると早くわかる」と学び方の変容につながります。
　「A君は見かけはこわいけど親切な人だ。他の人も見かけと違うかもしれない。A君以外の人にも質問してみようかな」と対人関係が変わったりすることもあります。これをプロセス(学び方)における「深い学び」ととらえてもよいと思っています。
　内容についての「深い学び」は随所で起きてきます。例えば「質問する」と教えてくれます。自分とは「異なる図」を書いていることに気づきます。「どうしてこの図になるの?」と質問することで、同じ問題なのに違う図で表せることがわかります。この経験によって、法則や公式の構造や適用方法について深く理解するきっかけができます。私はこれをコンテンツ(内容)における「深い学び」ととらえています。

②毎回リフレクションカードを書かせて振り返りをさせる
　授業の最後の15分間は「振り返り」の時間でした。まずは内容の振り返りとして「確認テスト」と「相互採点」をします。「確認テスト」の問題は練習問題と同じ。採点方法は①おおむね合っていたら丸、②間違いに気づいたら直してあげて丸、③途中までだったら書いてあることが正しければ丸、でした。これらは「安全安心の場」を維持することで「振り返り」→「気づき」のコルブ

のサイクルが回りやすくするためのしかけでした。

　これにより生徒たちは「確認テスト」で「悪い点をとるのではないか」という不安からは逃れ、友達の採点によって間違いに気づくので、内容についての理解が深まります。採点しながら「質問したり」「教えたり」も始まります。これも内容についての理解を深めます。その気づきをリフレクションカードに書かせることでより深く学ぶことになります。リフレクションカードの問いは3つです。

　　A　態度目標に沿って活動できましたか？それによって気づいたことや、次の時間にやりたいことは何ですか？
　　B　内容目標は達成できましたか？「わかったこと」は何ですか？「わからなかったことは何ですか？」
　　C　授業改善のためのアイデアや授業に対する要望・苦情・意見など。

　要するに、これまでの間に「話し合っている」ことではあるのですが、これを短時間で書くことで振り返りは深まります。特に次の時間に「○○をしよう」という行動計画は、書くことによって意思を強く形成する効果があります。

　例えば、内容に関して「公式の使い方はわかったけど、どうやってこの公式に昔の人がたどりついたのかが不思議。図書室で調べてみます」、態度目標に関して「絶対100点取れないと思ったけど、友達に質問して一緒に考えたら100点が取れた。話し合いはすごい。次の時間も質問しよう」などのコメントが出てきます。

　なお、確認テストと採点を「安全安心の場」に置く工夫が、「ずる」や「ただ乗り」をする生徒が皆無だった理由だとも思っています。

③「対話的な学び」と「深い学び」の設定が「主体的な学び」を促進する

　以上を要約すると（ⅰ）〜（ⅶ）のようになります。
　（ⅰ）「態度目標」を「対話的な学び」を促進するために設定する。
　（ⅱ）「態度目標」を意識させるために「質問で介入」する。「振り返り」と「気

づく」力が向上し「対話的な学び」が促進される。
　(ⅲ)対等な関係にある生徒同士の「対話的な学び」の過程で「主体的な学び」が起きやすくなる。
　(ⅳ)「深い学び」は振り返りの質問によってコントロールできる。
　(ⅴ)「確認テスト・相互採点」は「内容理解(コンテンツ)」に関する「深い理解」を促進するために設定する。
　(ⅵ)リフレクションカードでは「対話的な学びの過程(プロセス)」と「内容理解(コンテンツ)」のそれぞれに「深い学び」を促進する目的で質問を設定する。
　(ⅶ)リフレクションカードを手書きで文章を書かせることで意識化を強化し、「深い学び」を促進し、次の行動意欲を高める。つまり「主体的な学び」を促進する。

4　「主体的・対話的で深い学び」を阻害する教師の行動と対策

　全国の高校に呼んでいただき、たくさんの授業を見学させていただきました。その中で気になった行動、特に「対話的な学び」を阻害する行動の主なものを列挙します。

(1)　グループ学習の最中に全体に対して講義・説明をする

　例えば「グループで15分間話し合いなさい」と指示した後で、全体に対して「1番の問題は○○の法則だから、××に気を付けて解かないとだめだぞ」のように説明を始める先生がしばしばいます。
　これは生徒たちに「話し合いをしなさい(「対話的な学び」をしなさい)」という指示と「私の講義を(黙って)聞きなさい」という矛盾した指示をしているのです。生徒たちは「対話的な学び」に集中できなくなります。「話し合い」を指示したら、全体への説明を我慢することです。

(2)　グループに対してほめたり批判したりする。

　例えば「おお、このグループは声も大きいし、しっかり話し合っているね。いいよ、いいよ」と褒めて回ったり、「お前たち全然話し合っていないじゃ

ないか。黙ってないでもっと声を出して話し合わなきゃダメじゃないか」と叱ったりすることです。

　前者では「ほめられ競争」が起きやすく、後者では「先生の顔色を窺う」になりがちです。いずれも「対話的な学び」が阻害され、「主体的な学び」が起きにくくなります。「質問で介入」していくことをお勧めします。

（3）　机間巡視している最中に受けた質問に答えて解説する

　グループワークを指示した後は、先生はヒマ？になると感じる方が多いようです。ウロウロと机間巡視をしていると生徒が質問します。「先生、1番はどう解くのですか？」。ほぼ100％の先生がこの質問に対して、「それはね……」と説明します。すると別のグループに近づいたときに他の生徒も同じ質問をします。先生は同じ説明をします。これが何度も繰り返されます。これは質問に答えることで生徒の依存性を高めていると言えます。時には「ほめられ競争」が起きています。

　もう一つ見過ごせない問題があります。それは、同じグループのAさんが、先生に質問して答えてもらっているのを見ているそのグループのBさんに起きる気持ちです。「なんだ、困ったら私に質問してくれないんだ。先生に質問するんだ。じゃあ、私も先生に質問しよう」となります。つまりチームで協力しようという意識が低下します。「対話的な学び」が阻害されることになります。

　「この問題はどう解くのですか？」の質問への対応は、難しいものがあります。私は「そんなときどうすればよいと思いますか？」と逆質問していました。困っている生徒には「態度目標にヒントはないですか？」と続けて質問します。すると「ああ、こんなときに友達に質問するといいのですね」と気づきます。時には「先生、僕たちみんなわからないんです」ということもあります。これにも「そんなときどうすればいいと思いますか？」と質問します。生徒は「ああ、こういう時に立ち歩いていいんですね」と気づきます。

　こうして、やんわりと「対話的な学び」を促進すると良いと思います。

おわりに

　これからが「現場の腕の見せ所」です。ぜひ、授業者が中心となって授業改善を進めましょう。ただし、授業改善＝仕事量の増加にしないことです。くたびれると長続きしません。授業の質も低下します。そのためにも私たちの「対話的な学び」＝「チームで協力する」が不可欠です。みなさんのご健闘を祈ります。ご質問ご意見歓迎です。（メール　akikb2@hotmail.com）

　参考文献
小林昭文（2015）『アクティブラーニング入門』産業能率大学出版部
　──（2016）『アクティブラーニングを支えるカウンセリング24の基本スキル』ほんの森出版社
小林昭文監修（2016）『図解 アクティブラーニングがよくわかる本』講談社
　──（2017）『図解 実践！アクティブラーニングができる本』講談社

「高大連携」から「高大接続改革」へ
―本当の課題は、どこにあるか?―

児美川　孝一郎
(法政大学)

1　「高大接続」論ブームへの疑念

　ここ数年、「高大接続」をめぐる議論が、にわかに活況を呈している。その発端となったのは、言うまでもなく、2014年12月に出された中央教育審議会答申「新しい時代にふさわしい高大接続の実現に向けた高等学校教育、大学教育、大学入学者選抜の一体的改革について」である。答申を受けて、文部科学省は早くも2015年1月には「高大接続改革実行プラン」を策定し、改革に向けたロードマップを年次進行による工程表として示した。合わせて、同年2月には、高大接続改革の具体化をはかるための高大接続システム改革会議を発足させたが、同会議は、9月の「中間まとめ」をはさんで、2016年3月には「最終報告」を発表した。

　端的に指摘すれば、文部科学省による教育政策が、近年の「高大接続」論議のブームを生み出したわけであるが、その改革案には、現行の大学入試センター試験を廃止し、「高等学校基礎学力テスト」「大学入学希望者学力評価テスト」(いずれも仮称)という二つの新テストの導入を提唱するという、きわめて魅力的に見えるが、しかし、アクの強いスパイスを練り込むことが予告されていた。

　当然、マスコミは、大喜びでこの新メニューのアイデアに飛びつき、まだ誰も食べたことのない新メニューについて、開発現場の実況を交えたり、料理評論家の意見を聞き出したりしながら、独自の論評をしはじめた。高校や大学の関係者は、新メニューが本当に実現するのか否かについて、実際には若干の疑念は持ちつつも、実現した暁には、それをどう賞味したらよいのか、

それは本当に味わえるのかといった論点について、心穏やかではない議論をしはじめている。

　少々、比喩的な表現が過ぎたかもしれないが、「高大接続」論議の活況は、以上のような意味で、政策的に仕掛けられ、"つくられた"ものである。

　もちろん、仮に意図的に"つくられた"ものであったとしても、それが、本当に必要な論議であり、改革案なのだとすれば、"つくられた"ものだという経緯自体は、何の問題にもならない。「高大接続」あるいは「高大接続改革」の議論には、それくらいの重みはある。

　純粋に教育学的に考えても、教育システム内の異なる学校段階の間のアーティキュレーション（接続）をどうするかは、高―大であれ、中―高であれ、小―中であれ、あるいは幼・保―小であれ、つねに大きな課題である。だから、歴史を振り返れば、時々に中高一貫校や小中一貫校などの制度化のアイデアが提出され、高校であれ大学であれ、たびたび入試の改革案が持ちだされてもきた。その意味で、現在、教育政策がすすめる「高大接続改革」には、何の正当性の根拠もないというわけではない。むしろ、後で述べることになるが、大いなる根拠もある。

　しかし、同時に、現在の高校と大学のアーティキュレーション（接続）が抱える問題や課題を解決するための"解"は、目下の「高大接続改革」のメニューしかないのかと問えば、それはそうではないだろう。

　実は、このあたりのことを、もっと冷静に、じっくりと吟味してみる必要があるのではないかと、筆者はつねづね考えてきた。改革がこれだけ急ピッチで進められようとすると、それじたいが、言ってしまえば"既成事実"化し、改革案を向けとめる側は、ややもすると"思考停止"してしまうという罠にも陥りがちになる。そうなってはなるまいとの自戒を込めて、この小論を書くことにした。

　ここで考えてみたいのは、教育政策がすすめる「高大接続改革」には是々非々のスタンスでのぞみつつ、現在、この国の高校・大学のアーティキュレーション（接続）にはどのような課題があるのか、その解決をどのように見通していけばよいのかという点である。純粋に理論的な考察であるというよりは、この20数年、大学教育の場に身をおいてきた者としての述懐や、勤

務先の大学・学部での取り組みを想定したような記述になるかもしれないが、その点はお許しいただきたい。

2 「高大連携」とは何だったのか

　高大接続、高大接続と、喧しく叫ばれると、ひねくれ者の筆者は、ついつい別のことを思い出してしまう。そういえば、高校と大学とのアーティキュレーション(接続)をはかろうという議論や取り組みは、ほんの少し前までは、「高大接続」ではなく、「高大連携」と呼び慣わされていたのではなかったか、と。

　もちろん、教育学が問題とするアーティキュレーション(接続)を知っていた論者は、最初から「高大接続」と言っていたかもしれないが、一般的には「高大連携」という言い方が主流だった。この言葉が、いつ頃から広く使用されるようになったのか、正確なことはわからないが、2004年には『高大連携とは何か』(勝野頼彦、学事出版)という本が出版されている。とすれば、遅くとも2000年代には、「高大連携」という用語は、広く高校関係者や大学関係者の知るところとなっていたのではないか。いや、単に知っているだけではなく、一定の取り組みが普及しつつあったのではないか。

　2000年前後という時期に、「高大連携」に注目が集まり、それなりの取り組みが普及していたことには理由がある。1991年の大学設置基準の改訂を皮切りに、それ以降、大学・学部の新増設の規制緩和が進み、実際に、少子化の時代にもかわらず、2000年代に向けて大学数は、軒並み上昇の一途を辿っていった。当然、大学進学率は急上昇した。言ってしまえば、大学の大衆化(ユニバーサル化)が、短期間のうちに実現したのである。

　結果として、従来であれば、大学には進学しなかったであろう層が、大挙して大学に進学するようになった。のみならず、みんなが大学に進学するのが当たり前という状況の中では、高校の成績上位層であっても、その大学進学の動機は、しだいに曖昧なものになりはじめていたのである。

　これが、この当時の「高大連携」論の盛り上がりの背景であった。実際、大学進学率の急上昇の中で、高校の進学校出身の生徒の中にも、大学進学の

目的や動機があやふやな者はたくさんいたし、それ以外の生徒も含めて、「とりあえず無難そうだから」「合格できるなら」といった意識のもとでの大学進学者には、入学後に学部・学科の専門性との間にミスマッチを起こしたり、それゆえに学習意欲を喪失してしまったりという者が少なくなかった。

　これは、誰がどう考えても、高校と大学のアーティキュレーション（接続）に生じた新たな課題である。この課題をどう解決するか。当時の高校・大学関係者が出した答えの一つが、まさに「高大連携」の推進であった。事実、初等中等教育と高等教育の接続の改善について審議した中央教育審議会の答申「初等中等教育と高等教育との接続の改善について」（1999年）も、事態の改善のために必要なのは、AO入試の導入を軸とした入試改革であると同時に、さまざまな高大の「連携の在り方」の改善であるとしていた。

3　「高大連携」のメニュー

　この時期の、もちろんその多くは現在にまで続いているのだが、「高大連携」のメニューと言えば、先の『高大連携とは何か』にもフォローされていたように、大学でのオープンキャンパスの開催、そこでの学部説明会や模擬授業の実施、高校側の企画による大学見学ツアーの実施、大学教員による高校での出前（出張）講義の開講、学問分野や進路選択についての講話の実施、もう少し日常的なものとしては、大学の通常の講義への高校生の聴講などが主なものであった。いずれも、ねらいとして共通しているのは、高校生たちの大学進学への動機や意識を高め、学部・学科の選択でのミスマッチを防ぐという点である。

　確かに、現実問題としては、こうした「高大連携」に熱心に取り組んだ背景には、志願者を確保し、できれば増やしたいという大学側の背に腹はかえられない事情もあったであろう。ただ、だからこそ逆に、こうした取り組みは、急速に、かつ広範に広まっていったとも言える。

　また、中央教育審議会の答申にも盛り込まれたAO入試は、学力や偏差値に基づく合格可能性ではなく、志望理由や入学への意欲、高校までの活動の実績に基づく選抜を行うものであり、この時期の「高大連携」のねらいを体

現したような入学者選抜の方法でもあった。実際、AO入試の導入に踏み切る大学は続出し、入学定員に占める割合も拡大の一途を辿った。

ただ、慶應義塾大学湘南藤沢キャンパスの新設2学部のように、当初の思惑どおりの成果をあげたであろう事例を一方の極とすれば、他方の極では、入学定員の確保に苦労する大学において、AO入試は事実上、一般入試を経ないバイパス・ルートによる入学者集めの手段として機能したという側面もある。それは、今でも続いているわけだが、大学の大衆化(ユニバーサル化)のもとでの大学生の「学力低下」に手を貸したという事実も否定することはできない。

4 「高大連携」の限界と到達点

今日では、教育政策による「高大接続改革」のメニューを見てしまっているがゆえに、2000年代以降の「高大連携」の取り組みの限界を見定める作業は、それほど難しくはない。端的に、二点にまとめられるだろう。

第一に、高校と大学のアーティキュレーション(接続)の改善を促す制度改革としては、AO入試の導入が図られたが、これは、必ずしも所期の目的を十分に実現しているわけではない。また、AO入試以外の入試は基本的には変化しなかったので、さまざまな「高大連携」への取り組みの努力にとって、結局は、"入試が壁(ネック)になってしまう"事態がないわけではなかった。

第二に、入試改革の他にも、先に挙げたようなさまざまな取り組みが実施されたが、それらは基本的には(高校生による大学の授業の聴講を除けば)、高校教育および大学教育の正課外で行われる活動であった。したがって、高校教育の本体、大学教育の本体そのものの改善を直接に促すようなものではなかった。

こうした意味で、かつての「高大連携」の限界を言い募ることは難しくないのだが、しかし、注意すべきは、限界を認識することは、従来の「高大連携」の取り組みの成果や到達点までをも洗い流してしまうことであってはならないという点にある。むしろ、これまでの取り組みの成果や到達点から、今日の「高大接続改革」論の落とし穴を見抜いていくくらいの発想が必要で

ある。

　では、これまでの「高大連携」の取り組みの成果や到達点とは、何なのか。

　第一に、一部では評判が悪いとはいえ、AO入試の中にも、導入から時間的にかなり経過したということもあり、それなりに工夫され、洗練されたものが登場してきた。ノウハウ的な対策を請け負う予備校や業者などには太刀打ちできまいと思うようなものもある。

　昨年、国立大学協会は、今後の国立大学の入学者選抜においては、AO・推薦入試による入学者の割合を、入学定員全体の三割にまで引き上げるという方針を出したが、こうした経緯の延長上に理解できるものであろう。（ついでに、余計なことを言ってしまえば、大掛かりな「入試制度いじり」をして、かえって混乱を招いてしまうくらいなら、現行の枠組みの中でもやれることは、それなりにあるのだ。）

　第二に、オープンキャンパスの開催や大学教員による高校での出前（出張）授業などの「高大連携」の取り組みメニューは、当初は、高校教育と大学教育の正課外の、言うなれば「非日常」のイベントとして開始されたかもしれない。しかし、その後の取り組みの中では、そうした取り組みを「日常化」し、高校教育や大学教育の本体のありようの改善にも迫ろうとする動きも出てきた。

　手前味噌となることをご容赦いただきたいが、例えば筆者が所属する法政大学キャリアデザイン学部では、オープンキャンパス時の模擬授業や高校への出前（出張）授業はもちろん実施しているが、それ以外に、NPO法人NEWVERYが実施するWEEKDAY CAMPUS VISITに参加することで、学部の通常の授業を高校生に開放している。「非日常」のイベントを通じた学部教育の姿ではなく、日常的な学部の教育や授業の様子を高校生たちに見てもらい、体感してもらいたいからである。また、学部が専門科目として設置している「キャリアサポート実習」では、学生たちを、連携する高校の通常の授業に派遣して、ピアサポート活動を行っている。これは、高校生にとって刺激となり、学びの場を提供することを目的とすると同時に、そのことが、学生たち自身の成長や気づきにもつながることを意図した、まさに高大連携型の高・大の双方に資することをねらいとした授業である。

さらに、推薦入試で指定校をお願いしている高校の進路指導担当の教員とは、毎年、学部との懇談会を持っている。この場では、指定校推薦で入学してきた学生のその後の成績データをお見せしながら、高校側と学部側で忌憚のない意見交換を行う。それぞれの教育についての意見や要望を出しあう場にもなる。高大の連携を本気で実現しようとするのであれば、高校教員と大学教員の間での情報交換や意見交換、その先にあるぶつかり合いは、絶対に必要なものとなるはずだからである。

確かに、地味な取り組みではある。しかし、高校と大学のアーティキュレーション（接続）の改善に、高校・大学の草の根（現場）から、ボトムアップで取り組むとは、こういうことなのではないか。高大接続の「制度」がどんなにか改革されたとしても、そうした改革が、こうした草の根（現場）からの取り組みに下支えされないならば、それは絵に描いた餅に終わる危険性なしとはいえないだろう。

5　「高大接続改革」のインパクト

以上のように見てくれば、現在の文部科学省主導による「高大接続改革」のインパクトがどこにあるのかは、容易に言葉にすることができる。それは、かつての「高大連携」の取り組みが有していた限界を"上から"突破しようとするものである。

第一に、大学入試を全般的にテコ入れすることによって、高大の接続の改善や改革に立ちはだかる「壁」を除去しようとする。打倒の対象としているのは、学力や偏差値序列に基づく大学進学への意識であり、将来展望や実現したいことを踏まえた進学への意欲や動機ではなく、横並び志向や「とりあえず」志向に基づく進学という意識の蔓延である。また、知識を貯めこんで、それを試験というコンテクストで吐き出し、活用する能力のみを問う「20世紀型学力」を基準とする入学者選抜のあり方であろう。

だからこそ、二つの新テストの導入と個別大学における入試改革を促す「高大接続改革」の論議においては、何のための学力であり、何のための進学であるのかを問う「主体性、多様性、協働性」が強調され、求められる資

質・能力としての「思考力・判断力・表現力」が入学者選抜の基準となることが要請される。言ってしまえば、「21世紀型スキル」のオンパレードである。

　第二に、こうした入試改革は、入試の形を変えることじたいを目的としているわけではなく、入試改革をテコとして、高校教育と大学教育の改革を促すことをねらいとしている。次期の学習指導要領では、先のような「21世紀型スキル」の育成をはかるため、資質・能力ベースの教育課程の編成とカリキュラム・マネジメントが求められ、学習指導を進める中核となる方法として、アクティブラーニングの導入が謳われている。

　同様の改革が、実は大学教育にも求められている。正直なところ、筆者は、初等中等教育においてめざすべき学力像・能力像とまったく同一のロジックが、高等教育にも適用されることについては、相当な違和感を持ってもいる。実際、そんなことは、この国の教育史においても初めてのことである。にもかかわらず、教育政策の関係者にはそうした違和感や躊躇の感覚は皆無らしい。だからこそ、高校改革、入試改革、大学改革を一元的な論理で包括する「一体的改革」なのである。

　改革の中身としては、頷けるところも多い。ただ、ある意味では、高校・大学教育についての全面的で、抜本的な改革プランである。だから、別の意味では、あまりに急進的で、手堅い形での漸進的改革への取り組みさえ、「それでは生ぬるい」と言って許さないような勢いがある。

　ただ、しかし、本当に大丈夫なのか。多くの者が感じるところでもあろう。すでに少なくない論評がなされているので、ここでは、二点だけ指摘しておこう。

　一点目に、あらゆる「制度いじり」には、必ず副作用や「予期せざる結果」が随伴する。今めざされている入試改革は、かつてのAO入試の導入どころの騒ぎではない大掛かりなものである。そもそものねらいが実現できないかもしれないし、さまざまな副作用や、当初は思ってもみなかったような事態も必ず生じてくるだろう。そうした時にどうするのか。

　結局、新しい制度をどう機能させるのかは、今後の高校教育や進路指導がどうなり、大学教育がどうなっていくのかというコンテクストにも依存する。その意味で、草の根（現場）がその気になれ、改革に本気になれるのかどうか

が問われている。これが、二点目である。現在のところ、「高大接続改革」の主体は、文部科学省とその周辺の審議会である。それはそれで、当然の経緯ではあるが、改革の設計が一通り整った段階においては、高校現場や大学現場が、実質的な意味での改革の主体になれるかどうかが問われてこよう。教育政策の主導によって、新しい"器"はできるかもしれないが、そこに"魂"を吹き込むことができるのは、現場の営為以外にはないからである。

6　大学入試は変わるか？

　上記の点とかかわって、高校や大学の教員からは、「今回の大学入試改革は、本当に実現するのか?」といった疑問の声も聞こえてくる。
　気持ちが理解できないわけではない。確かに、今回の入試改革に関しては、改革へのロードマップ（工程表）こそ敷かれているものの、その行く手には少なくない難題が待ち受けているようにも見える。「高等学校基礎学力テスト」にしても「大学入学希望者学力評価テスト」にしても、すでに実質的には、本格実施の時期が後ろ送りにされたり、複数回実施が見送られたりもしている。コンピュータ・ベースの出題が可能なのか、記述式の出題と採点がどうなるのかなど、テクニカルな面でも不確定要素は少なくない。
　さらに、個別大学の入試がどう動くのかは、まだまだ先行き不透明である。2016年度入試には、東京大学が推薦入試、京都大学が特色入試を相次いで導入したように、改革の方向への動きは、確かに出てきている。しかし、どちらも、入学定員のごく一部をこれらの入試に割いているにすぎない。ましてや、さらに定員規模の大きな有力私大の入試が、すべての入試形態で軒並み大転換するとは考えにくいところがあるのも事実であろう。その意味で、入試がどう変わるかは、不確実である。そのことは認めてもよい。
　しかし、入試改革の現実性を詮索するような議論は、実はどこかで、高大のアーティキュレーション（接続）の本道を履き違えてはいないか。というのも、改革の現実性を疑問視する声の背後からは、「大学入試が本当に変わるのであれば、高校教育としても対応しないといけないが、入試が変わらないのであれば、その必要はなかろう」といった本音が、漏れ聞こえてきそうだ

からである。現在の高校教育と高校生たちの進路選択の仕方には、いっさい何の問題もないという現状認識に立つのなら別だが、そんな前提に立つのは、どだい無理な話であろう。

　大学の関係者は、現在の大学入試のあり方が、本来の望ましい高大のアーティキュレーション（接続）の実現を妨げている可能性があることについて真摯に認識し、大学入試に関しても、可能な限りでの改善に努力する必要がある。他方で、高校の側は、そうした大学側の努力を期待し、信頼しつつ、自らの教育と進路指導やキャリア教育の改善を図っていくべきなのではないか。そうでなければ、結局、両者の狭間で、"犠牲"になってしまうのは、現在の高校生や大学生たちにほかならないのだから。

7　キャリア教育で高校・大学・社会をつなぐ

　高校・大学の望ましいアーティキュレーション（接続）を構想していくためには、それぞれの関係者が共有しておくべき前提認識がある。端的に、それは、現在の高校性たちの進路選択や大学進学の仕方には、どこに問題があるのかという点である。

　少々、乱暴な記述になってしまうかもしれないが、結論を急ぐために、断言してしまおう。

　第一に、大学進学の目的や動機が希薄であること。

　第二に、将来展望が大学に入ることに固着していて、卒業後の社会を見ていないこと。

　第三に、自ら学び、自分から行動するという自律性を身につけていないこと。（つまり、高校までとは異なる、大学での学びの準備ができていない。）

　第四に、受け身で依存的であり、指示待ちの姿勢が強く、自立できていないこと。

　第五に、以上を含めて、キャリアデザインのマインドを獲得できていないこと。

　もちろん、すべての高校生にすべての指摘が当てはまるというわけではない。しかし、趨勢として妥当する部分が少なくないのではないか。

そうだとすれば、いま高校教育と大学教育に必要なことは、それぞれにおける学びを「主体化」することであると同時に、高校での学びを社会とつなぐことで、大学への進学意識を確かなものにすることである。同時に、大学での学びを社会とつなぐことで、学生たちに社会に漕ぎ出ていく力を獲得させることである。筆者はこれを、「高校・大学・社会をつなぐキャリア教育」を創造していく課題であると考えている。
　そして、この課題は、教育政策による「高大接続改革」が想定している課題よりも、はるかに幅広く、奥行きがある。本来の高校・大学のアーティキュレーション（接続）の実現は、こうした「高校・大学・社会をつなぐキャリア教育」を創造していく中にしか位置づかないと考えるのだが、いかがだろうか。

高大接続改革　何が課題か

矢吹　正徳
（日本教育新聞社）

　大学入試センター試験に代わって平成32年度から導入予定の新テスト「大学入学希望者学力評価テスト」(仮称)などの「実施方針」が29年度初頭に公表するスケジュールで進行中だ。高大接続システム改革会議が28年3月末、高校教育、大学入試、大学教育の三位一体改革を求める「最終報告」をまとめ、その後の検討内容を「高大接続改革の進捗状況」として同年8月末に公表した。特に、「大学入学希望者学力評価テスト」(仮称)をめぐっては、「進捗状況」の中で、実施時期と採点について三つの案を示したのち、11月に当事者の一端を担う国立大学協会に難易度に応じた出題パターンと大学側が採点、あるいは成績データを活用する案を示した。翌12月、国立大学協会側は記述式問題出題に関する「考え方」を明らかにするなど、「実施方針」公表という期限を目指し、引き続き検討が続く現状にある。

1　「最終報告」後の検討状況

　昨年3月末に「最終報告」(高大接続システム改革会議)を公表した後、同システム改革会議の座長を務めた安西祐一郎・文部科学省顧問をリーダーとする「文部科学省改革推進本部・高大接続改革チーム」の下に検討組織を整備し、検討に着手した。
　具体的には「高等学校基礎学力テスト(仮称)」検討・準備グループ、「大学入学希望者学力評価テスト(仮称)」検討・準備グループ、大学入学者選抜方法の改善に関する協議、新テスト実施主体に関する省内検討体制などの検討・推進体制で、それぞれの内容を話し合っていく。

28年11月末に文科省が公表した「高大接続改革の進捗状況について」は、「最終報告」後の検討状況を明らかにしたものだ。詳細は今後、さらに詰められていくことになるが、幾つか気になる点を指摘しておきたい。
　「最終報告」で実施スケジュールとして示されているのは、高校教育での学力の定着度を測る「高等学校基礎学力テスト」(仮称、以下『高校基礎学力テスト』)が31年度実施、知識・技能を基盤として「思考力・判断力・表現力」を評価する「大学入学希望者学力評価テスト」(仮称、以下『大学学力評価テスト』)が32年度の実施。
　高校基礎学力テストは31年度から34年度までを「試行期間」と位置付け、その成績などは大学入試や就職などには用いないというものである。
　大学学力評価テストは32年度から35年度までは、現行の学習指導要領を基本的枠組みで実施する。いまのところ、次期学習指導要領が高校段階で学年進行によって開始するのは34年度(1年生)を予定し、35年度(2年生)、36年度(3年生)で全学年への移行が終了する。37年度大学入学者を対象とする大学学力評価テストから、本格的な試験内容で実施することになる。
　こうしたスケジュールそのものは、高大接続システム改革会議が27年9月にまとめた「中間まとめ」から変化はない。27年10月に文科大臣が交代した際、高校教員を経験した馳浩・新文科相(当時)が就任に当たって、この間の改革のテンポに触れ、やや急ぎすぎ、現場に混乱がないように進めたいなどの趣旨の発言をしたことから、導入日程の変更に関心が集まった。多くの高校生に直結する入試改革だけに、「拙速」「混乱」は避けるべし、とのマスコミ論調は今後も底流として残るだろうが、スケジュールの変更には至っていない。
　今回の「高大接続改革」の趣旨には、「総論賛成」という声を多く聞く。ただそのアプローチの仕方、スケジュールありき―の改革に対して「各論反対」「慎重論」が多いという図式になっている。
　「総論賛成」の中には、「1点刻み」の選抜の不毛さに加えて、「世界的にも、進展しつつある情報社会への転換の中で、知識の量だけでなく、混とんとした状況の中に自ら問題を発見し、他者と協力して解決していくための資質や能力を育む教育が、急速に重視されつつある」(最終報告)という課題意識が共

有されているためだろう。

2　改革前夜の生徒の資質・能力は

　「中間報告」から、「最終報告」での「検討の背景とねらい」部分は大幅に加筆されているが、こうした状況の中で、改革が日の目を見る31年度、あるいは32年度までに卒業する生徒に育まねばならない資質・能力はどう担保するのだろうか。

　例えば、小・中学校では、「知識・技能」の定着と、「思考力・判断力・表現力」の育成へと一足早く、踏み切っている。

　こんな数字がある。平成19年度は63.0％、63.6％、72.0％、61.2％だったものが、9年を経た28年度は58.0％、47.4％、67.1％、44.8％に。この割合は、全国学力・学習状況調査の平均正答率を示したものだ。それも基礎的な知識・技能を定着させた上で、活用力を問う、いわゆる「B問題」の小学校国語、算数、中学校国語、数学の数値を抜き出して順番に並べた。

　年度により、問題の質は異なるにしても、この数字を眺めたとき、教育改革や授業改善は順風満帆、良好と判断する方はいまい。

　全国学力・学習状況調査が悉皆調査として導入されたのは、15歳相当の若者を対象にしたOECD生徒の到達度調査(PISA)結果が直接の引き金である。

　特に、数学的リテラシーを中心分野に、読解力、科学的リテラシー、加えて問題解決能力についても初めて調べた、2003年調査結果について、文部科学省は日本の学力は国際的に見て上位にあるものの、読解力などの低下が見られ、「世界トップレベルとは言えない状況」と分析せざるを得ないほど十分な結果が得られなかった。

　PISA調査は、多肢選択式、自由記述式などの問題から構成する。実生活で遭遇するような状況を説明する文章に基づいて解答する出題内容になっている。

　捲土重来を期すため、わが国では、平成19年度から全国学力・学習状況調査を導入した。ここでは「主として知識に関する出題(身に付けておかなければ後の学習に影響したりする内容など)」の「A問題」に加え、PISA型学力と類似し

た「主として活用に関する出題（知識・技能等を実生活で活用する力など）」の「B問題」が課された。

　PISA調査の方は、その後、世界トップレベルの学力へと「V字回復」したと言われているが、国内で実施されている全国学力・学習状況調査の「B問題」は、実施結果が公表されるたびに「課題」として授業改善が求められ続けている。

　先行している小・中学校教育でも十分とは言えない現状にある。今議論されている「高大接続改革」は、さまざまな指摘、評論はされているものの、小・中学校教育改革の進捗状況と比べたとき、19年度のスタートラインにも立っていないように映る。

　少なくとも、小・中学校では「ゆとり教育」から転換したと言われる20年改訂の学習指導要領先行実施、全面実施以来、言語活動の充実などの下に、指導方法も工夫しながら、思考力・判断力・表現力の育成に努めてきた。それでも、実施形態が転変としたものの、続けられている全国学力・学習状況調査の「B問題」に対応する学力は十分に付けられてはいないのである。

　「最終報告」では、高校教育の現状について「小・中学校に比べ知識伝達型の授業にとどまる傾向」や「『学力の3要素』を踏まえた指導が浸透していないこと」などが「課題」として指摘されていることを挙げている。

　高校の現行学習指導要領の開始が25年度。27年度に至ってようやく1年生から3年生までが全面実施へと移行したわけである。高校現場からすれば、まだ始まったばかりの学習指導要領なのに、次期学習指導要領をめぐって「もう教科・科目の再編論議か」という思いは強いかもしれない。

　だが、現行の高校学習指導要領でも、知識・技能を基盤として「思考力・判断力・表現力」を育成することは明記されている。「入試が変わらなければ、現場も変わりにくい」という高校関係者の指摘はもっともなところはあるのだが、32年度に大学学力評価テストを導入する改革着手以前の生徒への「急速に重視されつつある」資質・能力の育成はどう担保するのだろうか。改訂の目玉の一つ、主体的・協働的な学習、いわゆる「アクティブ・ラーニング」を取り入れた授業改善への関心は高まってきたが、入試改革の有無に関わらず、この部分についての解答、努力は高校教育関係者に「待ったなし」で求

められていると言えまいか。

3　学習評価の改善なども課題に

　今回の高校教育改革では、改善の観点として「教育課程の見直し」「学習・指導方法の改善」「教員の指導力の向上」「多面的な評価の推進」を示す。
　特に、「多面的な評価の推進」に関連する部分は「中間まとめ」から書き込まれた内容は多い。
　「観点別の学習状況の評価」や、多様な学習活動を前提にしたときに「生徒一人一人のよい点や可能性に着目する個人内評価」などの推進、改善が重要と考えられているためである。
　そのために「各教科等の学習評価の在り方」「多様な学習活動の評価の在り方」「指導要録の改善」「評価の妥当性や信頼性の向上」「生徒自身のキャリア形成に向けた検討の必要」などに言及した。
　高校での評価の妥当性、信頼性を高めることは、「中間まとめ」以後のヒアリングなどの場面で、大学側から要請されている部分でもある。評価の妥当性、信頼性はたしかに大学での選抜場面や、入学後の初年次教育を「実効」たらしめるものにするかもしれないが、中学校から上がってくる評価も大学側が指摘するのと同様の状況と受け止める高校関係者もあり、評価の改善は高校側にとってハードルの高い課題である。

4　生徒の基礎学力定着優先を

　高校基礎学力テストに関しては、活用する各学校がカリキュラム・マネジメントを明確に位置付けながら取り組むことや、教員の指導力向上に寄与できるようPDCAを機能させることなどの考え方を厚く示した点は評価できる。
　受検回数や時期、実施場所なども現状で可能な条件を模索しており、本来ならば、小・中学校のような全国学力・学習状況調査のように位置付くのが理想なのだろう。「進捗状況」では「テスト」ではなく「診断」「検定」「検査」など新たな名称の検討を挙げ、「基礎学力の確実な習得」「学習意欲の喚起」の

目的を明確化しようとしている。

だが、専門高校、普通高校、その中にあっても、進学者の多い学校から就職するものの比率の高い学校と、多種多様な高校群にあって、一つの物差しを用意するのは難しい。

構想されてきた高校基礎学力テストも、高校生全体のうち「ボリュームゾーンとなる平均的な学力層、学力面で課題のある層を主な対象」として出題するとしており、すでに進学校などでは「活用のメリットがない」などの指摘もある。

「最終報告」では「『高等学校基礎学力テスト（仮称）』を受検することや結果を否定的な評価として捉えるのではなく、基礎学力の定着を目指す積極的な取組として社会的に評価されるよう普及啓発等を行うこととする」とあるのはもっともなことであるし、「普通科、総合学科、専門学科等に応じて多様な学習内容となっていることにも留意し、多様な高校生の学習意欲を高められるような出題の工夫」にも言及していた。

「国語総合」や「数学Ⅰ」「コミュニケーション英語Ⅰ」に加え「義務教育段階の内容も一部含める」という出題対象範囲は、高校生の基礎としてこれだけは必要という意味では理解されやすい。

基礎的な「知識・技能」に「思考力・判断力・表現力」を問う問題をバランスよく出題する意味や意義はその通りだが、受検想定対象を考えたとき、このテストに「一定数以内の文字を書く『記述式』」を導入することまで範囲を広げ、出題する側にも受検者を指導する側にも高いハードルを課す必要があるだろうか。「基礎学力」の定着にこそ、まず注力するという考え方もあるのではないか。

5　「記述式」実施タイミングが難題に

文科省は「進捗状況」の中で、今回の改革の目玉の一つ、「大学学力評価テスト」の実施時期について三つの案を示した。

①「1月に実施し、センターが採点する案」、②「12月に実施し、センターが採点する案」、③「1月に実施し、センターがデータを処理し、それを踏ま

えて各大学が採点する案」—である。

②については、さらに「記述式とマークシート式を同一日程で実施する案」「マークシート式は従来通り1月に実施し、記述式を別日程で実施する案」の二つを掲げた。

これらは実施時期と、入試改革の要となっている「記述式」導入に伴う採点期間などが関連して、はじき出された日程案と言えよう。

ただ、「進捗状況」の注にもあるように、①では採点期間が短期間になる、②の実施時期では高校教育への影響がある―などといった困難さを抱える。

さらに、文科省は国立大学協会に対して、2案を提示した。

具体的には、国語科の試験の中で、「より深く思考力・判断力・表現力等を問う中～高難度の問題のパターン1」で「採点は学生が受験する各大学が行う」ものと、「80字程度の短文記述式により基盤的能力を問う中難易度のパターン2」で「大学入試センターが採点し段階別評価まで行い、各大学が確認・活用する」というものだ。

これに対して、国立大学協会は「考え方」を示し、「新テスト」の活用について、こう述べた。

「80字程度の短文記述式により基盤的能力を問う中難易度のパターン2」を「国語において、国立大学の一般入試の全受験生に課す方向で検討」とし「大学入試センターは責任をもって段階別表示のデータを提供し、提供されたデータについての各大学の活用方法については、各大学が自由に工夫できるようにすべき」とする。

また「より深く思考力・判断力・表現力等を問う中～高難度の問題のパターン1」は、各大学が「個別試験として課すべき記述式試験の選択肢の一つに位置付ける方向で検討」にとどめた。

「例えば」としながら「パターン1を『新テスト』の中で実施するのではなく、パターン1に相当する記述式問題を各大学の個別試験問題として活用できるよう、各大学の求めに応じて、大学入試センターが提供するという方法についても、各大学の試験時間の調整などの記述的課題への対応策を含め、検討すべき」と、より大学側の裁量に委ねる活用案を提示した。

同協会では、国立大学の「個別試験」で全受験生に「高度な記述式試験を課

すことを目指す」ことは表明した。「新テスト」での実施方法が、どう着地していくか注目されるところだろう。

6　私立大の参加の行方は

　もう一つの重要テーマである大学側の個別の入学選抜の在り方、三つのポリシーのうち「アドミッション・ポリシー」(入学者受入れ方針)の在り方である。
　入学者に求める能力、合わせてその評価方法の明確化を求めた。アドミッション・ポリシーが具体的な入試要項になれば、受験者側からすれば、必読の項目になるだろう。
　また、多様な背景を持つ受験者への多様な評価の仕組みとともに、留学生の受け入れ加速のために、アドミッション・ポリシーなどに「留学生の受入れ方針」を明確化することも求めている。
　現状では大学人の間でも、どこの大学のものか判別が付かない、あるいはどこの大学でも通用する、と揶揄されるアドミッション・ポリシーをどこまで生まれ変わらせることができるか。平成29年度から「全ての大学等において、その教育上の目的を踏まえて、『卒業の認定に関する方針』『教育課程の編成及び実施に関する方針』及び『入学者の受入れに関する方針』(以下『三つの方針』という)を策定し、公表することを求める」と省令改正の通知が既に出されている。併せて「『卒業認定・学位授与の方針』(ディプロマ・ポリシー)、『教育課程編成・実施の方針』(カリキュラム・ポリシー)及び『入学者受入れ方針』(アドミッション・ポリシー)の策定及び運用に関するガイドライン」(中央教育審議会大学分科会大学教育部会、28年3月31日)が示されており、この動向も注目されるところだ。
　今回の改革が多様な活動への評価を求める一方、少子化時代を背景に入学者の早期確保のための「青田買い」などと指摘され、「学力不問と揶揄される」一部の大学で実施されるAO入試、推薦入試、一般入試については、その在り方の見直しも俎上に上がる。
　例えば、「最終報告」はAO入試では「知識・技能の修得状況に過度に重点を置いた選抜基準とせず」や、推薦入試での「原則として学力検査を免除し」

などの現行の実施要項での記述は削除すべきと、踏み込んだ。

同様に、一般入試についても、試験科目が1~2科目のみの場合のあること、知識に偏重した選択式問題が中心で記述式問題を実施していない場合もあることなどの現状を例示し、「知識・技能」はもとより「思考力・判断力・表現力」を適切に評価するための改善を求め、「出題科目についてその数も含めた見直しに取り組むこと」と、具体的な改善点を挙げた。

一定の基準を設けた実施時期を含めて、「新たなルール」は大学学力評価テストが導入される32年度の入学者選抜から適用することを念頭に、国公私立大学、高校関係者などの改善協議によって「29年度初頭を目途にその内容を各大学等に予告することが適当」と提案し、これも検討が進む。

もともとAO入試や、推薦入試などは、学力の評価だけに限らず、多様な活動歴、学習歴などを適切に評価し、多様な人材を獲得することが狙いでもあった。大学によっては、本来の趣旨を生かして取り組み、入学後、他の学生に比して伸びしろが大きいなどの効果が指摘されており、角を矯めて牛を殺すようなことにならないことを望みたい。

この「新たなルール」づくりは、高校教育改革での評価の改善ともリンクし、「調査書」や「推薦書」、「指導要録の在り方」の見直し、検討など、それぞれが少なからぬ変革の負担が生じる。

今回の「高大接続改革」は小・中学校に育んだ学力をつなぐために、高校教育を改革し、大学教育を改革し、高校と大学をつなぐ選抜方法を改革する三位一体の改革と言われてきた。就学前教育を含めて明治期の学制改革以来の改革とも言われている。

入試改革だけをことさら取り出すわけではないが、大学学力評価テストの円滑な導入は、今回の改革の一つの成否を握る。特に、私立大学の動向が気に掛かる。

かつて大学入試センター試験が導入された当初、参加した大学は少なかった。

いま示されているのは、この大学入試センター試験に代わり大学学力評価テストを創設し、マークシート式問題に加えて記述式問題、英語の多技能を評価する問題を課すこと。その上で、個別大学による入学者選抜改革した試

験によって、「学力の3要素」を多面的・総合的に評価していく。

　記述式の問題の取り扱いや、良質な問題を提供し続けることができるかなど作問の問題、採点支援業務に人工知能（AI）を活用することまで登場してきたが、採点方法・体制の問題も含めて、その実現に向けては〝困難さ〟がすでに予想されている。

　こうした課題をクリアできたとしても、大学全体の8割を占める私立大学の参加が成否を握る。大学入試センター試験は、その長い歴史の間に、多くの私立大学がそれぞれの立場で、活用してきた経緯がある。

　「総論賛成」と受け止める32年度に導入予定の大学学力評価テストは、大学経営の観点から見ると、また違った様相を呈するようだ。受験者の確保という現実的な問題である。

　「知識・技能」と「思考力・判断力・表現力」をバランス良く問うことを目的とする大学学力評価テストに参加する大学と、参加しないまま「知識・技能」の定着を重視した個別の入学試験を実施する大学とが、並列的に存在することになれば、高校での指導、受験者の負担もまた解消されずに持ち越されることになる。

7　全体で教育改革を実現する責務

　「脱・1点差勝負」「脱・一発勝負」を是正し、改革の端を発したと指摘されることの多いのは教育再生実行会議の第4次提言である。「大学教育を受けるために必要な能力判定のための新たな試験（達成度テスト（発展レベル）（仮称））の導入」を提案した。

　今となっては「発展レベル」の名称などは懐かしいが、大学入学者選抜を、能力・意欲・適性を多面的・総合的に評価・判定するものに転換するとともに、高等学校教育と大学教育の連携を強力に進める、との提言があった。

　ただ、今回の高校、大学、間をつなぐ入試との一体的改革は、平成11年12月に答申した中教審の「初等中等教育と高等教育との接続の改善について」を十分に実行に移せなかったことが教訓になっていると指摘する関係者がいる。

答申では大学側に受験生に求める能力、適性などについての考えをまとめた「入学者受入方針(アドミッション・ポリシー)」の明確化と、選抜方法や出題内容への反映などを求めている。具体的には「リスニングを実施したり、多様な活動に関する自己推薦書を選抜資料として活用」などを提案した。

　当時の答申でも「1点差刻みの選抜」からの転換を促した。「学力検査のみの選抜を行うところがあってもよいし、それ以外の多様な方法による選抜を行うところがあってもよい。その際、教科・科目の基礎的な知識量だけでなく、論理的思考力や表現力等の学習を支える基本的な能力・技能や大学で学ぶ意欲がどのくらいあるかといった視点で判定することや、入学時点での学力だけでなく、意欲や関心の強さを含めて入学後に伸びる可能性も考慮に入れて判定することも必要」などと言及した。

　また、この時には、高校・大学の接続を重視し、教科・科目の知識だけでなく「高校での教科・科目の学習を通じて習得される論理的思考力や表現力、応用力等の大学での学習を支える能力・技能を評価する方法を確立することが必要である。このため、例えば、大学、高校側の協力を得て、大学入試センターにおいて教科・科目横断型の総合的な問題等についての研究を行うなど、評価尺度の多元化に対応した評価方法の研究を進める必要がある」と提言してもいた。

　一部は実現したが、総体としては変わることがなかった。

　変えるのは入試だけではダメだし、大学教育も、高校教育も同時に変えなければ実現しない。そんな教訓を残した。

　以来、高大接続改革の宿題は15年以上、持ち越されている。

　この間、わが国を取り巻く環境は劇的に変化している。前にも引いたが、「世界的にも、進展しつつある情報社会への転換の中で、知識の量だけでなく、混とんとした状況の中に自ら問題を発見し、他者と協力して解決していくための資質や能力を育む教育が、急速に重視されつつある」(最終報告)なかで、次代を担う若者や、それに続く児童・生徒が混乱も後悔もすることなく、世界とともに歩める力を育成する教育改革を実現する責務が、高校や大学関係者、子どもらを取り巻く大人たちにはあるのではないか。

高大接続改革　執筆者紹介（執筆順）

新田 正樹（にった　まさき）
　前文部科学省高等教育局主任大学改革官、内閣府政策統括官（経済社会システム担当）付参事官。1994年文部省（当時）入省、初等中等教育局、教育助成局、体育局、内閣官房、高等教育局を経て、2005年から鹿児島県教育庁学校教育課長。2007年より高等教育局、生涯学習政策局生涯学習企画官、初等中等教育局教員免許企画室長、大臣官房総務調整官、高等教育局私学部私学経営支援室長を経て、2015年より主任大学改革官を歴任。

倉部 史記（くらべ　しき）
　主体的学び研究所フェロー、NPO法人NEWVERY理事および高大接続事業部ディレクター。慶應義塾大学大学院政策・メディア研究科修士課程修了。企業広報のプロデュースを手がけた後、私立大学専任職員、予備校の総合研究所主任研究員および大学連携プロデューサー、フリーランスなど様々な立場で高等教育に関わる。進路選びではなく進路づくり、入試広報ではなく高大接続が重要という観点から、様々な団体やメディアと連携し、企画・情報発信を行ってきた。全国の高校や進路指導協議会で、進路指導に関する研修講師を務める実績も多い。
　文部科学省「大学教育再生加速プログラム（入試改革・高大接続）」ペーパーレフェリーなど文教政策にも関わる。兼任として追手門学院大学アサーティブ研究センター客員研究員、三重県立看護大学・高大接続事業外部監査委員。著書に『看板学部と看板倒れ学部　大学教育は玉石混合』（中公新書ラクレ）、『文学部がなくなる日　誰も書かなかった大学の「いま」』（主婦の友新書）など。

寺田 拓真（てらだ　たくま）
　広島県教育委員会 学びの変革推進課長。平成16年4月、文部科学省入省。大臣官房政策課、文教施設企画部施設助成課法規係長、スポーツ・青少年局競技スポーツ課企画係長、内閣官房副長官補室文教担当主査などを経て、23年4月より、文部科学省生涯学習政策局政策課教育改革推進室室長補佐に就任。第2期教育振興基本計画の策定総括などを担当。26年4月に広島県教育委員会に出向となり、教育改革推進課長を経て、27年4月より現職。

金子 暁（かねこ　さとる）
　広尾学園中学校高等学校 教務開発統括部長。順心女子学園に社会科教諭として勤務。生徒急減期の体験を経て、2007年の広尾学園への校名変更と共学化に合わせた広報戦略を担当。学校人気が急上昇する中、2009年からキャリア教育責任者を兼任。2011年からICT 教育責任者を兼任。2013年からはそれらを統合した教務開発部の統括責任者。「生徒の未来」を最優先するビジョンと戦略を構築しながら教育改革を推進している。

熊本県立済々黌高等学校（くまもとけんりつ せいせいこう こうとうがっこう）
　本文参照

飯塚 秀彦（いいづか　ひでひこ）
　1994年群馬大学教育学部卒業。2011年群馬大学大学院教育学研究科修了（教育学修士）。大学卒業後、群馬県内の公立高校に勤務。2000年度から3年間、群馬県の高等学校と義務校との人事交流で公立中学校に3年間勤務。その後、群馬県内の高等学校勤務を経て、2011年度より伊勢崎市立四ツ葉学園中等教育学校勤務となる。社会科、公民科を担当し、進路指導主事を経てキャリア・グローバル教育担当総括。国立教育政策研究所・平成17年度教育課程実施状況調査（高等学校倫理）結果分析委員、国立教育政策研究所・評価規準の作成、評価方法等の工夫改善のための調査研究（高等学校公民）協力者などをつとめる。

柞磨 昭孝（たるま　あきのり）
　1983年広島大学大学院理学研究科修了、同年、広島県立広島井口高校教諭。1993年広島県立教育センター第五研修部（理科教育）、1997年広島県教育委員会指導課指導主事（理科

教育）、2002年広島県立広島国泰寺高等学校理数コース主任、SSH研究主任、2004年広島県エキスパート教員認証。2005年理数教育の一環としてJAXAと共催で国際宇宙ステーションとの交信イベント「宇宙授業」を実施。2006広島県教育奨励賞。2007文部科学大臣優秀教員表彰。2008年広島県立廿日市高等学校定時制、2011年同校全日制課程教頭。2014年広島県立安芸高等学校校長。2016年4月より広島県立祇園北高等学校校長。

岩佐　峰之（いわさ　みねゆき）
　京都市立西京高等学校主幹教諭。1990年京都教育大学教育学部理学科卒業。同年京都市立中学校に理科教諭として勤務。11年間の中学校での教員生活を経て、2001年から京都市立堀川高等学校、2008年から京都市立西京高等学校で勤務。教育構想推進部長、中高一貫教育推進部長を歴任しキャリア教育、中高一貫教育やSGHの取組に携わる。2013年から現職。

藤岡　慎二（ふじおか　しんじ）
　教育政策アドバイザー・総務省地域力創造アドバイザー・株式会社Prima Pinguino代表取締役。1975年生まれ。慶應義塾大学院SFC政策・メディア研究科修了。小・中・高・大・社会人まで、20年間の現場での指導経験を持つ。数学や生物の講師および大学院での研究がきっかけで、キャリア教育や推薦・AO入試対策、社会人基礎力の指導や教材・プログラム開発を、大手大学受験予備校や高校・大学で行う。
　現在、北海道、福島県、新潟県、長野県、大阪府、島根県、広島県、岡山県、沖縄県の高校で魅力化プロジェクトを実践中。行政・自治体と協働、教育を通じた地域活性化、さらには、教育に限らず、定住促進や若者の自立支援事業も実施している。

小林　昭文（こばやし　あきふみ）
　埼玉大学理工学部物理学科卒業。空手のプロを経て埼玉県公立高校教諭として25年間勤務し、2013年3月に定年退職。高校教諭時代には、カウンセリング、コーチング、エンカウンターグループ、メンタリング、アクションラーニングなどを学び、それらを応用して高校物理授業をアクティブラーニング型授業として開発し成果を上げた。現在は、産業能率大学経営学部教授、河合塾教育研究開発機構研究員の立場での実践や研究、アクティブラーニング型授業を広めるための講演活動や執筆活動を精力的に進めている。

児美川　孝一郎（こみかわ　こういちろう）
　法政大学キャリアデザイン学部教授。1963年東京生まれ。東京大学教育学部、東京大学大学院教育学研究科博士課程を経て、1996年より法政大学に勤務。2007年より現職。専攻は教育学。日本教育学会理事、日本キャリアデザイン学会理事。主な著書に、『権利としてのキャリア教育』(明石書店)、『若者はなぜ「就職」できなくなったのか』(日本図書センター)、『キャリア教育のウソ』(ちくまプリマー新書)、『まず教育論から変えよう』(太郎次郎社エディタス)、『夢があふれる社会に希望はあるか』(ベスト新書) など。

矢吹　正徳（やぶき　まさのり）
　日本教育新聞社取締役編集局長。昭和59年入社。平成元年に報道部部長を経て、24年4月から現職。記者として、教育行政や学校経営、授業実践、社会教育などを幅広く取材。現在、全国青少年ボランティア・アワード、日本PTA全国協議会広報紙コンクールなど多くのコンクールの審査に携わっている。東京都内の公立中コミュニティ・スクール委員、神奈川県公立高校の学校評議員、日本教育事務学会常任理事などを務める。共著に『学びのスタイル―生涯学習入門―』(玉川大学出版部)、『まあるい地球のボランティア・キーワード145【ボランティア学習事典】』(日本ボランティア研究所編、春風社)、『子どもと文化』(一藝社) などがある。

編集後記

今号は2015年度末から2016年末までの原稿をまとめたものだ。刊行までに時差が生じたために、著者各位には校正や手直しに貴重な時間をいただくことになった。丁寧にご対応いただいたことに心より感謝申し上げたい。この間に優れた先進的取組みの小中高校を取材し、授業参観した。考えたり答え方も難しいトピックでも、イキイキとキチンと質問したり発言する児童・生徒の皆さんは素晴らしかった。こうした学校の共通項は、未来を見据えた取組みであった。カナダやアメリカ、シンガポールでも生徒、学生が社会や未来の視点に立った学びには、絶大な人気と信頼があると伺った。取材した学校や生徒の皆さんがなぜ生き生きとしていたか、海外でも同様だと分かった。主体的な学びは国も言語も超えていることがあらためて興味深かった。(M.H)

主体的学び研究所設立の趣旨（概要）

主体的に学び、考え、行動する人材はどうすれば育成できるのだろうか。これが私達の向き合っている課題です。この課題に対して、いま国や地域、教育機関や家庭、そして私達全員が行えること、行わなければならないことは何でしょうか。

私達はこのような問題意識に基づき、『人々が主体的に学ぶための環境や仕組みなどの条件が、どのようなものであるか』を研究するため、主体的学び研究所を設立しました。現場の教育研究者と「主体的学び」を創出し、現場で実践し、その成果を広く社会に発信していくことがこの研究所の目的です。教育者達の工夫や悩み、学生の声などの活きた情報から、社会にとって有用な知見を探し、それを社会に広く還元することを目指します。教育関係者によらず、教育や学びに関心のある方々との幅広い協働を期待しています。

■構成
- 所長　重田拓緒
- フェロー　倉部史記
- 研究員　花岡隆一
- 研究員　西脇裕矩
- 研究員　大村昌代
- 顧問　小篠洋一
- 顧問　村上修一
- 顧問　土持ゲーリー法一

■主な活動
- 大学等の取組や現場の調査
- 学生・生徒の声を得る能動的研究
- 外国・国内等の先端事例調査・出版
- 主体的学びにかかわるIT利用方法の研究
- 教育改革・高大接続等に関する提言

『主体的学び』 高大接続改革（別冊）

2017年3月10日　初版第1刷発行　　＊定価は表紙に表示してあります

■編集・発行　主体的学び研究所　　■発売元　株式会社 東信堂

主体的学び研究所
〒105-0004 東京都港区新橋5‐11‐3
新橋住友ビル8F
Tel (03) 6452‐9048 Fax (03) 6452‐9045
ホームページ http://www.activellj.jp/

株式会社 東信堂
〒113-0023 東京都文京区向丘1-20-6
Tel(03) 3818-5521(代) Fax(03) 3818-5514
E-mail tk203444@fsinet.or.jp
郵便振替 00110-6-37828

ISBN978-4-7989-1406-0　C1037　ISSN2187-8854　　印刷・製本 中央精版印刷